DISCOURS

PRONONCÉ AU SERVICE FUNÈBRE

DU

RÉVÉREND PÈRE ANTOINE SENGLER

DE LA COMPAGNIE DE JÉSUS

ANCIEN PRÉFET DU COLLÈGE SAINT-JOSEPH DE LILLE

PROVINCIAL DE LA PROVINCE DE CHAMPAGNE

LE RÉVÉREND PÈRE

ANTOINE SENGLER

DE LA SOCIÉTÉ DE JÉSUS

ANCIEN PRÉFET DU COLLÈGE SAINT-JOSEPH DE LILLE

PROVINCIAL DE LA PROVINCE DE CHAMPAGNE

RAPPELÉ A DIEU LE JEUDI SAINT, 7 AVRIL 1887

DISCOURS

PRONONCÉ AU SERVICE FUNÈBRE CÉLÉBRÉ POUR SON AME

LE SAMEDI 30 AVRIL

DANS L'ÉGLISE PAROISSIALE DU SACRÉ-CŒUR

PAR

MGR BAUNARD

SUPÉRIEUR DU COLLÈGE

LILLE

IMPRIMERIE DE J. LEFORT

24. rue Charles de Muyssart.

1887

LE RÉVÉREND PÈRE SENGLER

Mes Révérends Pères,

Mes Frères,

Mes Chers Enfants,

Il s'est donc éteint loin de nous l'homme de bien et l'homme de Dieu, qui était pour notre collège, pour la Société de Jésus, pour tant d'âmes qui le pleurent, cette lampe ardente et luisante dont parle l'Évangile ! Et voici qu'il ne nous reste plus, à nous qui n'avons pu recevoir ses adieux, qu'à redire la parole que Jésus prononçait sur son ami de Béthanie : « *Amicus noster dormit,* Notre ami s'est endormi. »

C'était bien en effet un ami pour vous tous qui êtes venus si nombreux lui payer aujourd'hui le tribut de vos prières et de votre inconsolable reconnaissance. C'était votre ami à vous, mes très chers enfants, qui ici pendant quinze ans « avez été sa joie, et qui êtes maintenant sa couronne (1). » C'était votre ami, à vous, pères et mères de famille, qui, dans l'œuvre de l'éducation de vos fils,

(1) S. Paul. ad Phil. iv. 1. Charissimi et desideratissimi, gaudium meum et corona mea, sic state in Domino, charissimi.

trouviez réunies en lui toutes les fermetés avec toutes les bontés mises à votre service. C'était votre ami surtout à vous, ses frères en religion, qui étiez devenus ses fils à un titre nouveau ; car si le témoignage le plus grand de l'amour, comme l'a dit le Seigneur, c'est de donner sa vie pour ceux qu'on aime, ne l'avez-vous pas vu, à peine nommé Provincial, vous livrer sans compter, dans d'épuisants travaux, tous les trésors d'une existence de laquelle vous attendiez justement de si grandes choses !

Et moi aussi, je l'aimais et j'en étais aimé. Laissez-moi donc revendiquer moins l'honneur que le devoir d'une amitié qui aspire à la consolation de payer le tribut de quelques paroles d'hommage à une âme si chère. Car moi aussi, je puis dire avec saint Bernard pleurant sur son frère, que « mes entrailles sont déchirées et que j'ai perdu la moitié de ma vie. » Ce frère Gérard qui partageait avec le saint Docteur le gouvernement de l'abbaye de Clairvaux, Bernard disait de lui : « O mon cher frère, tu portais plus de la moitié de la charge, et m'en laissant modestement les honneurs, tu prenais sur toi le plus lourd de l'ouvrage. Tu t'engageais dans toutes les difficultés, *tu intrĭcabaris,* et moi, grâce à ton bienfait, j'avais le loisir de vaquer autrement au service de l'Église, à l'étude des choses de Dieu et à l'enseignement de mes disciples et de mes fils. Et comment ne l'eus-je pas fait en toute sécurité, lorsque je te voyais à l'œuvre, toi qui fus ma main droite, la lumière de mes yeux, la parole de mes lèvres, cette vraie parole du « juste qui n'exprime que la sagesse et qui ne prononce que le bon jugement (1) ! »

(1) BERNARDI *in Cant. sermo XXVI. 11 et 8 :* Merito ex eo pendebam totus qui mihi totum erat. Solum penè relinquerat mihi provisoris honorem, nam opus ipse faciebat : ego vocitabar abbas, sed ille præerat in sollicitudine. — Tu intricabaris, et ego tuo beneficio feriatus sedebam mihi, aut certè divinis obsequiis occupabar, aut doctrinæ filiorum utilius intendebam. Cur enim securus non essem, cùm te scirem agentem foris manum dexteram meam, lumen

Bernard disait encore, et je puis bien dire avec lui : « Vous savez, vous, ô mes fils, ce qu'il était pour tous; mais vous savez ce qu'il était spécialement pour moi. J'étais faible, et il me soutenait; j'étais timide et hésitant, et il m'affermissait; j'étais lent à l'action, et il m'excitait; j'étais oublieux et imprévoyant, et il m'avertissait. Comment m'es-tu ravi, comment es-tu arraché à mon affection, ô âme de mon âme et cœur selon mon cœur (1)! »

Mais à ces plaintes douloureuses sur la mort de son frère, Bernard trouvait du moins une consolation : c'est qu'il avait été le témoin édifié de ses derniers instants, et que, comme il le raconte, « revêtu des habits sacerdotaux, il avait récité sur lui les prières de l'Église et jeté la terre sur ce corps qui était rendu à la terre. » Une pareille consolation ne nous a pas été donnée; et c'est au jour même où nous nous réjouissions de l'espérance de le recevoir et de le posséder pour plusieurs semaines que tout à coup éclata la foudroyante nouvelle. Nous ne le savions pas malade, et il venait de recevoir les derniers sacrements!

C'était le jour du jeudi saint, et réunis devant l'autel, vous vous disposiez, mes enfants, au pieux exercice du Chemin de la croix lorsque, d'un cœur brisé mais encore confiant, je dus vous apprendre ces choses et je vous demandai de pousser vers Notre-Seigneur Jésus-Christ.

oculorum meorum, pectus meum et linguam meam? Et quidem indefessa manus, oculus simplex, pectus consilii, lingua loquens judicium, sicut scriptum est : *Os justi meditabitur sapientiam, et lingua ejus loquetur judicium.* Ps. XXXIX.

(1) IDEM. *Ibid.* 4 : Scitis, ô filii, quàm justus sit dolor meus, quàm dolenda plaga mea. Cernitis nempè quàm fidus comes deseruit me in viâ hâc quâ ambulabam, quàm vigil ad curam, quàm non segnis ad opus, quàm suavis ad mores. Quis ita mihi pernecessarius? Cui æquè dilectus ego? Dolete, quæso, vicem meam, vos quibus hæc nota sunt. Infirmus corpore eram, et ille portabat me; pusillus corde eram, et confortabat me : piger et negligens, et excitabat me; improvidus et obliviosus, et commonebat me. Quo mihi avulsus es? quo mihi raptus è manibus, homo unanimis, homo secundum cor meum?

victime et rédempteur, ce cri de l'Évangile : « Seigneur, voici que celui que vous aimez est malade ! » Mais, hélas ! déjà, à cette heure, notre Père n'était plus ; et le lendemain, vendredi saint, il me fallut recevoir et vous porter à vous-mêmes un coup plus cruel encore, en venant vous annoncer, du pied du saint autel dépouillé et en deuil, que c'en était fait : tout était consommé.

C'est donc loin de nous, à Reims, loin de son cher collège, loin de la ville de Lille qui lui devait tant et qui se fût portée en foule à ses obsèques, qu'il avait expiré. C'est là que le jour suivant il était inhumé, le soir du samedi saint, aux premières Vêpres de Pâques, aux premiers chants de l'*Alleluia,* sans qu'aucun de nous eût eu le temps ou le pouvoir d'aller se joindre au cortège de ses frères et de ses amis, comme s'il avait lui-même recherché pour sa mort cette humble obscurité qui lui avait été si chère pendant sa vie. Et nous, qu'il avait quittés pour ne plus nous revoir en ce monde, nous n'avions plus de consolation que celle de l'espérance, qui, en ces jours, semblait nous dire, comme les anges du sépulcre disaient autrefois aux disciples éplorés : « *Surrexit, non est hic.* Il est ressuscité, il n'est plus ici ! Ne cherchez plus parmi les morts Celui qui est vivant, et rappelez-vous de quelle sorte il a conversé avec vous quand il était encore dans sa patrie terrestre (1). »

Eh bien oui, nous nous rappellerons ses paroles, ses actions ; nous recueillerons les souvenirs d'une vie si édifiante. Mais comment pourrons-nous le faire ? Et qui nous donnera de pénétrer les secrets intimes d'une humilité qui avait pris le soin de mettre sur ses vertus ce double et triple voile qui n'a été percé que par le regard de Dieu ? Aussi bien cette vie si pleine dans

(1) S. Luc. xxiv. 5, 6 : Quid quæritis viventem cum mortuis ? Non est hic, surrexit : recordamini qualiter locutus est vobis cùm adhuc in Galilæa esset.

sa brièveté se résume-t-elle en deux mots : se dévouer et s'oublier : le don de soi, l'oubli de soi. Et soit qu'on la considère, comme nous allons le faire, se donnant à Jésus-Christ dans un mystère ineffable d'oblation, d'union et d'immolation, soit qu'on la voie se consacrer au service des hommes dans l'œuvre de l'éducation ou de l'administration, c'est partout le même dévouement et le même renoncement. Ainsi cet homme vraiment rare a-t-il présenté en lui ce type si accompli de perfection religieuse, sacerdotale et pastorale dont le spectacle journalier a été pour chacun de ses collaborateurs une de ces grâces uniques qui impriment leur souvenir et leur sceau indélébile sur toute l'existence.

D'abord il se donna à Dieu. Fils béni de cette Alsace qui fournissait à l'armée de l'Église comme à celle de la France ses meilleurs soldats, Antoine Sengler y apparaît de bonne heure comme un pur enfant de grâce et de lumière. Il dut beaucoup à sa mère, de laquelle il écrivait plus tard : « Je ne puis me rappeler sans attendrissement que c'est du ministère de ma si bonne et si pieuse mère que vous vous êtes servi, ô mon Dieu, pour m'inculquer, dès ma plus tendre enfance, le devoir de sauver mon âme. Rendez-le-lui, ce bienfait, maintenant que vous l'avez appelée dans votre éternité. Vous l'aviez faite si bonne et si pleine de foi pour moi ! Oh ! que vous aimiez donc mon âme, puisque, dès mon berceau, vous me prépariez tant de moyens de me conduire à vous ! »

Il sut correspondre à cette grâce primordiale. La veille de sa confirmation, après s'être confessé, il disait à un ami, au sortir de l'église : « Nous allons voir maintenant si nous ne pourrons pas vivre sans péché ! » C'est lui aussi qui disait à sa plus jeune sœur, quand elle revenait de se confesser : « Ma petite sœur, plus de péché ! »

C'est lui qu'on voyait le premier en tête des pèlerinages à Notre-Dame des Neiges et à Notre-Dame du Chêne. C'est lui qui chaque soir récitait la prière et le chapelet à sa famille et aux gens du voisinage, auxquels il faisait aussi la lecture de la vie des Saints. C'est lui qui était tenu pour l'ange de cette chrétienne et patriarcale maison de huit enfants dont il était le plus jeune, deux garçons et six filles, dont cinq furent religieuses, quatre chez les Sœurs de Saint-Vincent de Paul et une à la Divine Providence. Plus tard, l'écolier le plus discipliné du collège de Schlestadt, puis du petit séminaire de Strasbourg, le plus studieux, le plus pieux, le plus souvent acclamé, le plus chargé de couronnes, et le plus modeste en même temps, c'était lui. Le membre le plus charitable de la Conférence de Saint-Vincent de Paul et le visiteur le plus apostolique des pauvres, le catéchiste le plus zélé des soldats de la garnison, c'était encore lui, que ces hommes, par reconnaissance, avaient soin de reconduire le soir à sa maison, pour profiter plus longtemps de son entretien.

Entré dans l'Institut de la Compagnie de Jésus par cette porte de l'innocence et de l'amour de Dieu par laquelle avaient passé les saint Louis de Gonzague et les saint Stanislas auxquels on le comparait, il fut la fleur du noviciat comme il avait été celle du séminaire, du collège et du foyer domestique. On respirait autour de lui la bonne odeur de Jésus-Christ ; et un contrat qu'un jour il signa, à Saint-Acheul, entre lui et un jeune novice expirant et sur le seuil de l'éternité, nous laisse voir combien lui-même avait dès lors la tête et le cœur dans le ciel.

Ses premiers vœux prononcés, on l'envoie au collège de Saint-Clément de Metz, pour y professer la classe de troisième, et bientôt l'on s'étonne de l'ascendant à la fois respectueux et affectueux que cet adolescent a conquis sur ces enfants dont, par la jeunesse de son visage, il semble presque le frère. Successivement il s'élève des classes de grammaire aux classes de littérature, et son autorité grandit avec le prestige d'un mérite qui n'avait d'égal que son humilité. Une classe d'humanités qui ne comptait pas moins de soixante-trois élèves, puis une classe de rhétorique qui en avait quarante-six, purent être conduites par lui, en 1864 et 1865, à des succès éclatants, sans que, pendant ces deux années, une seule punition eût jamais été donnée ni nécessaire. « Comment avez-vous pu obtenir ce résultat? » lui demandait un de ses confrères dix ans plus tard. — C'est que, répondit-il, jamais je ne suis entré une seule fois en classe sans avoir fait une visite au saint Sacrement. » Il écrivait lui-même, au souvenir de ses débuts dans le ministère de la régence : « Qui m'a donné la hardiesse de me présenter à la Compagnie de Jésus, d'y pouvoir faire la classe durant tant d'années, alors que je ne pouvais pas même dire le *Veni Sancte Spiritus* sans émotion? C'est la seule confiance en Dieu. Aussitôt la prière faite, je me sentais un autre homme. Ah! si je regardais davantage Notre-Seigneur! »

A Rome, où on l'envoie faire sa théologie, il se plonge avec amour « dans les profondeurs du Christ, » et il y devient un véritable maître dans « cette science suréminente de la charité de Dieu, » comme s'exprime saint Paul. Aussi bien c'est pour mieux aimer qu'il désire s'instruire et connaître davantage. Il écrivait ensuite : « *Qui cognoscit te, Deus, amat te et seipsum obliviscitur.* Que cette parole de saint Augustin est vraie! Et moi je vous connais si peu, si peu, mon divin Sauveur! Et je désire tant vous aimer, ô mon bon Maître! Donnez-moi de vous connaître de plus en plus afin de mieux vous aimer, et puis de me dévouer tout entier à vous faire connaître, aimer et servir! »

Il fut fait prêtre à Rome, dans la semaine sainte de l'année 1869. Il avait alors trente-trois ans, l'âge qu'avait Jésus-Christ lorsqu'il monta à l'autel du sacrifice de la Croix. C'est à l'occasion de son sacerdoce que, pour la première fois, il nous est donné de lire, pour ainsi dire, le livre intérieur de son âme, écrit par lui dans de précieuses « Notes spirituelles, » qui livrent à son directeur les pensées de ses retraites de 1869 à 1884. Je déclare que jamais je n'ai rien lu de plus admirable que cette centaine de pages, même dans l'histoire des saints. A la veille du grand jour, le futur prêtre s'est voué à toutes les humiliations dans des termes qui effraient par leur magnanimité. Oserai-je vous les redire ?... « Que cent fois le jour ma pauvre nature défaille en ses propres infirmités ; que cent fois par jour le rouge me jaillisse au front et me couvre de confusion à la face de mes frères et des étrangers ; que sur moi tombent l'indifférence, le rire et le mépris, à cause de mes défauts, de mes incapacités, de mes misères ; et cent fois par jour, tout en ressentant cet état de délaissement, de solitude et de rebut, je bénirai votre nom, ô mon Dieu crucifié, et je dirai merci ! » Mais c'est là même, dans cet état d'infirmité, qu'il trouvera, comme l'Apôtre, la raison de sa puissance, *cum infirmor, tunc potens sum;* et sa confiance ajoute : « Et puis, malgré cela, si l'obéissance me dit de marcher, d'agir, de parler pour vous, ô Seigneur Jésus, et pour les âmes chéries, en votre nom je marcherai, j'agirai, je parlerai, escorté de mes faiblesses, mais appuyé sur votre vertu, et espérant ainsi contre toute espérance. Voilà *mon programme* pour toute ma vie de prêtre, ô Sauveur Jésus ! Aidez-moi à le remplir jusqu'au dernier souffle de mes jours. »

C'est sur l'autel de sa première messe, célébrée le saint jours de Pâques, 28 mars 1869, à six heures et demie, dans l'église du *Gesu,* à la *Capelletta* de son bienheureux Père Ignace, que le jeune prêtre déposa ce programme, avec la prière d'être victime avec la Victime divine qui s'y immolait : « Je le sens, notait-il le même jour, je le sens, ma main tremble en écrivant ces mots ; mes lèvres se prêtent avec peine à prononcer cette prière : c'est la nature qui a peur. Néanmoins, ô Jésus, mon amour crucifié, donnez-moi de souffrir, de souffrir quelque chose, de souffrir beaucoup pour votre nom. Avec votre grâce, *fiat ! fiat !* »

Le même jour, il formula sur le papier, et, comme il s'exprime, « il grava, en traits ineffaçables, » deux demandes qu'il avait faites le matin au Seigneur descendu entre ses mains. Après quoi il prit cette feuille et la plaça sur lui pour la porter toujours, « afin que chaque jour, dit-il, Jésus, venant dans mon cœur, trouve ce papier sur ma poitrine comme un monument perpétuel de ma confiance illimitée. » La première demande qu'elle contient est que chaque jour, à chaque fois qu'il célébrera le saint sacrifice, Dieu lui accorde qu'il le fasse dans les mêmes dispositions qu'en cette matinée de sa première messe, ou plutôt dans des dispositions de plus en plus conformes à celles de l'âme de Jésus. » La seconde demande est celle de pouvoir célébrer tous les jours de sa vie : « Oui, tous les jours de ma vie, sans exception aucune ; dussé-je me traîner tout brisé à l'autel, pourvu que je puisse y rester une demi-heure, pour vous y offrir, ô Jésus victime, à la gloire de votre Père, et en sacrifice d'expiation pour ma pauvre âme et les âmes de vos fidèles !... »

Il fait beau de le voir ensuite, durant cette semaine pascale, aller, si j'ose dire, porter de messe en messe, dans chacun des sanctuaires chers à sa dévotion, son oblation et sa prière, comme pour rendre les saints du paradis de l'Église témoins de ses serments. A Sainte-Marie-Majeure, il célèbre dans la chapelle de la Madone de saint Luc, où il remercie Marie de « trente-trois ans et demi de tendresse maternelle, et où il lui recommande ardemment ses trois sœurs, seuls et derniers débris qui lui restent sur la terre d'une famille jadis si nombreuse ! » A Saint-André du noviciat, il célèbre sur le corps de saint Stanislas Kostka, auquel il rappelle leur pacte fraternel qui date de près de quinze ans. « Il y a quatorze ans et demi, ô mon aimable frère, que dans la retraite d'Issenheim, sous les platanes du jardin, devant votre statue, je vous prenais pour patron ! » Mais c'est avant tout à Saint-Pierre de Rome, dans la crypte du Vatican, sur le corps du Prince des apôtres, qu'il a voulu célébrer sa seconde messe, sa messe du lundi de Pâques ; car il s'est senti au cœur le besoin de prier là pour le saint Père Pie IX, pour le Saint-Siège, pour le concile du Vatican qui va bientôt s'ouvrir, pour tous les défenseurs de Rome et de la Papauté, pour la Compagnie de Jésus en particulier, afin qu'elle soit tout entière au service du Pape, dût-elle être écrasée sous le coup de ses ennemis ! « Ainsi soit-il, ô Pierre, ô mon chef, à la vie, à la mort ! »

Un an après, 1870, le P. Sengler, de retour en France, passa à Saint-Acheul l'année de probation, qui complète et perfectionne les deux années de noviciat, et que, pour cette raison, l'Institut de saint Ignace appelle le *troisième an*. Elle s'ouvre par une grande retraite qui dure trente jours, et pendant cette retraite, notre cher Père note jour par jour toutes ses impressions, avec une fidélité et une sincérité qui mettent son âme sous nos yeux. De vous dire les ascensions spirituelles de cette âme durant ce mois trop court de sanctification, ce serait un discours infini, car il faudrait vous lire toutes ces pages écrites dans « ce feu de la méditation (1) » dont a parlé le prophète. Je vous avoue que, quant à moi, je n'ai jamais mieux compris que par cette lecture le travail de transformation surnaturelle qui s'opère, pour une âme livrée généreusement à la grâce, dans ce moule des exercices

(1) Ps. XXXVIII. 4 : In meditatione meâ exardescet ignis.

spirituels de saint Ignace, où ce fils d'Ignace, il est vrai, se plonge jusqu'au fond. Notons que le mois de sa retraite est ce mois de décembre 1870, durant lequel on se bat tout autour de lui, aux environs d'Amiens. Mais il s'est dit à lui-même dès le premier jour : « *Ingredere totus*. Pour entrer ainsi tout entier, il y a un sacrifice à faire, parfois bien grand, dans l'état actuel de la France; mais Dieu me donnera une plus grande grâce pour le faire; et puis, mon affaire à moi, c'est une bonne retraite, comme c'est la meilleure manière de servir mon pays. » Rien donc ne le distraira de cette autre bataille intérieure qu'il livre pour la conquête du ciel ; et lui, ce fils de l'Alsace dont l'ardent patriotisme porte devant Dieu dans son cœur toutes les angoisses de l'heure présente, ne se permet pas même, ne fût-ce que quelques secondes, d'écouter de sa fenêtre les roulements du canon qui lui viennent des champs de Dury et de Bapaume.

Quand le retraitant sort de là, il ne s'appartient plus : il est tout possédé, tout captivé par le Christ, tout chargé de chaînes de son saint amour. Et certes, Messieurs, ce ne sont pas des chaînes de fleurs; car voilà, par exemple, qu'en l'honneur de Jésus garrotté par ses bourreaux, ce pénitent du Christ a obtenu et résolu de porter désormais une chaîne, soit aux reins, soit au bras, qu'il gardera chaque jour, du moins jusqu'au déjeuner, et qu'il reprendra à chaque fois, autant que possible, qu'il devra se rendre au parloir ou au confessionnal : « C'est chose incroyable, écrit-il, quelle consolation cette chaîne me cause, combien de bonnes pensées cette petite souffrance me procure.... Pour les autres pénitences, je verrai un peu plus tard. »

Mais il est une autre chaîne, une chaîne invisible, qui plus que jamais va l'attacher à Jésus-Christ, et celle-là est une chaîne d'or et de diamant : la conformité parfaite au bon plaisir de Dieu. « *Ità Pater*, Oui, mon Père : »

telle est la devise qu'il s'est choisie tout d'abord en entrant dans cette retraite décisive. Or ce lien, il a résolu de le serrer par un nœud désormais indissoluble. C'est une pensée déjà ancienne chez lui ; il l'a mûrie, il la pèse, il la porte devant Dieu, il la soumet à son directeur ; il s'encourage, il s'effraie, il s'examine, il s'essaie, car la chose est si grave ! Longtemps la nature se fait peur, l'humilité elle-même s'épouvante et lui dit : « N'est-ce pas au dessus de tes forces ? Pourras-tu tenir ta promesse ? Et si tu ne la tiens pas, n'est-ce pas téméraire à toi de t'engager à une pareille chose ? Cela est pour les saints, mais pour toi.... » Cependant Jésus lui-même fait retentir sa voix dans le fond de son cœur : « Les seuls mots que j'entendis, rapporte-t-il, furent ceux-ci : « Que crains-tu ? Pourquoi hésites-tu ? Ai-je hésité à mourir pour toi ? Perd-on à être généreux avec moi ? Marche en avant, je serai avec toi ! » Déjà l'amour le presse, et il écrit tout enflammé : « Je m'engage dans une lutte qui sera longue et pénible. Mais puis-je faire autrement ? *Dilexit me et tradidit semetipsum pro me.* Et qu'est-ce que mon sacrifice auprès du sien ? O mon divin Sauveur, le motif principal, je dirai presque le motif unique de ma détermination, c'est celui de vous plaire : *vous plaire*, ô mon Sauveur, et *glorifier votre Père.* » Enfin, après quinze jours de prières et de larmes, après dix ans de désirs, la grâce et l'amour l'emportent ; et un jour, saint jour de dimanche, le dix-neuvième jour de sa retraite, il écrit transporté : « Je reviens de la chapelle le cœur rempli d'une joie et d'une consolation intimes et tranquilles, mais aussi des plus douces que j'aie jamais goûtées. C'est le bonheur de ma première communion, du jour de mes vœux et de ma première messe. Que le bon Dieu est bon de se montrer si sensible à la misérable offrande de sa pauvre créature ! »

Or, chrétiens, cette offrande qu'il vient de faire, prosterné devant le Tabernacle, et qui le rend si triomphant d'aise, cet acte solennel sur lequel j'insiste tant, parce qu'il donne la clef de toute la conduite de sa vie, c'est un vœu, un vœu sublime, « le vœu de faire toujours et en tout ce qui plaira davantage à Dieu, à l'exemple de Jésus-Christ. » *Quæ placita sunt ei facio semper.* C'est l'obligation jurée, et sous peine de péché, comme il s'exprime encore, de servir le bon Dieu de son mieux, même dans les plus petites choses. C'est le vœu du plus parfait, quoique ce dernier mot sonne mal à l'oreille de son humilité. C'est le vœu du Père de la Colombière, le vœu de sainte Thérèse, car il s'est dit comme elle : « Toujours recevoir et ne jamais donner, c'est un martyre ! — Elle avait bien raison, ajoute-t-il aussitôt, et je commence à le sentir. Mais puisque le rien que je suis je peux le donner et que Dieu daigne l'accepter, je veux lui jeter d'un seul coup ma pauvre vie tout entière. Je donne si peu, qu'en vérité je n'en aurai pas moins le martyre de sainte Thérèse. » Vous avez reconnu, mes frères, l'âme agrandie de l'enfant qui disait la veille de sa confirmation : « Nous allons voir si nous pourrons vivre sans péché ! »

Mais concevez-vous bien, Messieurs, ce qu'est cet engagement et ce qu'il a d'héroïque ? Il ne suffit pas à ce chrétien que les vœux du baptême l'obligent aux commandements de Dieu et de l'Église; il ne suffit pas à ce religieux que les vœux de sa profession l'enchaînent à la pratique des conseils évangéliques : ce chrétien, ce religieux, ce prêtre ne se sent pas encore assez près de Jésus-Christ; et voilà qu'à l'exemple de quelques saints les plus parfaits, il veut y joindre spontanément une nouvelle obligation qui astreigne chacun de ses actes intérieurs et extérieurs au plus grand agrément de la volonté divine, telle qu'elle lui est connue par l'Évangile, l'Église, les constitutions ou les instructions de son Institut, les prescriptions de ses chefs et celles de sa conscience; et cela non pas seulement par résolution ou par simple promesse, mais par vœu, c'est-à-dire par un engagement religieux, solennellement juré devant la Majesté divine, et qu'il faudra tenir inviolablement et continuellement, sous peine de péché, sous peine d'être parjure, sous peine des châtiments que le parjure entraîne pour ce monde et pour l'autre, mais aussi avec la joie que par là Jésus-Christ sera plus glorifié, son amour plus satisfait, son règne mieux procuré, son cœur plus content de lui. En vérité, Messieurs, n'est-ce pas là le plus splendide degré de beauté morale où la grâce puisse porter l'humanité régénérée par le sang de Jésus-Christ?

Le formidable vœu, dont il récitait la formule chaque jour, limité d'abord comme essai à quelques mois, puis renouvelé sans interruption d'année en année, puis pour la vie tout entière, ne cessa plus d'enlacer le disciple à son Maître. Il écrivait que là « était pour lui la source de la paix et du bonheur. »

Les hommes purent voir désormais ce que c'était qu'un homme ainsi toujours engagé au meilleur plaisir de Dieu. C'était une vigilance, une attention sur lui-même qui ne laissait place à aucune surprise; un regard de l'âme perpétuellement éveillé sur ce qui était le plus beau, le plus sage, le plus saint; une précision, une exactitude, une ponctualité qui faisait chaque chose à son moment, de la meilleure manière, avec toute la perfection dont elle était capable, et qui rappelait Celui de qui il est écrit : *benè omnia fecit.* Une régularité qui établissait partout en lui et autour de lui cette « tranquillité de l'ordre » dont saint Augustin fait la définition de la paix. Une paix imperturbable au sein de tous les travaux, de toutes les difficultés, de toutes les contradictions et persécutions, et cette étonnante possession de lui-même qui n'était que la possession de lui-même par Dieu. Une égalité constante de caractère et de conduite, un équilibre harmonieux de toutes les facultés, une mesure de langage, une gravité de tenue, une douceur de commerce qui donnaient l'image d'un grand sage parce que c'était celle d'un vrai saint. Avec cela, la bienveillance, la discrétion, la bonne grâce, la réserve modeste achevant en lui cette distinction que le monde ne donne pas. En tout, une âme enveloppée par le surnaturel qu imprime son cachet céleste sur tout ce qu'elle est, ce qu'elle dit, ce qu'elle fait : n'est-ce pas ce que nous avons vu ? Et en le voyant ainsi, ne preniez-vous pas l'idée de ces beaux lacs placés sur les montagnes, vastes, profonds, limpides, qu'éclaire la lumière d'en haut, qui reflètent la beauté du ciel, que ne soulève aucun orage, dont un souffle ride à peine la surface sereine, qu'encadre une belle nature, et qui répandent autour d'eux la fertilité, le bonheur et la vie ?

Désormais, plus que jamais, cet esclave volontaire du bon plaisir de Dieu était ce serviteur prêt à toute bonne œuvre dont parle l'Évangile. « Me voici, s'écrie-t-il, *ecce servus tuus, servus tuus et filius ancillæ tuæ!* La dernière place partout et toujours et en tout, voilà la mienne. Je dois non seulement l'accepter avec reconnaissance, mais y courir de moi-même et y rester avec joie. Si l'on veut bien m'admettre au degré de coadjuteur, merci, ô mon Dieu ! merci, ô Jésus, mon divin capitaine ! merci, ô sainte Compagnie ma mère ! Si les dispositions du Père Provincial, du Père Recteur, du Père Ministre me mettent au-dessous de tous les autres, merci, ô mon Dieu ! merci, ô Compagnie de Jésus ! Jamais donc je ne me plaindrai, toujours je tâcherai d'être intérieurement et de me montrer extérieurement content, joyeux, heureux.... »

Si, entre les emplois auxquels l'obéissance va le consacrer, il en était un qui l'envoyât au loin travailler, souffrir et mourir pour Jésus-Christ ! Ç'avait été autrefois sa première ambition d'enfant et d'adolescent. C'est aujourd'ui la première requête, humble et discrète, de cette lettre écrite, le 30 décembre 1870, au R. P. Pillon alors Provincial : « Si je trouvais en moi la moindre aptitude aux missions, avec quelle allégresse je me présenterais! J'en donne pour garant à Votre Révérence l'empressement avec lequel je partirais sur l'heure, si elle me jugeait capable de rendre quelque service à nos frères de Chine! » Toutefois, présentement il se croirait coupable de témérité et de présomption en osant prétendre à de si sublimes travaux. Cependant, « comme il lui est dur de se présenter les mains vides devant son Provincial, il a pensé que les supérieurs étant parfois embarrassés de trouver des surveillants ou professeurs de grammaire, il pourrait, faute de mieux et pour prouver du moins sa bonne volonté, se mettre chaque année à la disposition du Père Provincial, pour le cas où il pourrait se servir de lui à cet effet. — C'est, conclut-il, ce que je viens faire par cette lettre auprès de Votre Révérence, la priant d'avoir cette humble démarche pour agréable, et d'en prendre note, afin qu'à la première occasion j'aie le bonheur de voir par l'effet qu'elle ne lui a pas déplu. »

« La charité de Jésus-Christ le presse » tellement qu'à cette même époque, apprenant qu'un Père de la Société, homme d'une grande valeur, était gravement malade, il demanda la permission de s'offrir à Notre-Seigneur pour mourir à sa place : « Je serais au comble du bonheur si Notre-Seigneur daignait accepter une vie si misérable et si peu utile que la mienne, pour laisser à sa chère Compagnie un homme qui peut lui rendre de si grands services. Si donc Votre Révérence n'y trouve pas d'inconvénients, je ferais demain mon offrande à Notre-Seigneur, en me jetant, du reste, pour mon éternité, entre les bras de son infinie miséricorde. Vous savez le peu que je suis, mon Révérend Père, et vous n'ignorez pas tout ce qu'est le cher Père malade. Que du moins, par ma mort, je puisse être de quelque utilité à la Compagnie ma mère! » Un post-scriptum ajoute : « Le Père Instructeur du troisième an m'a dit de laisser cela entre les mains du bon Dieu : *fiat!* »

Le 2 février 1872, le P. Sengler prononçait ses vœux de profès. Sa dernière parole à Dieu fut celle-ci : « Que je sois à jamais votre compagnon fidèle, toujours pauvre, toujours chaste, toujours obéissant; pauvre d'une pauvreté parfaite, chaste d'une chasteté angélique, obéissant d'une obéissance à toute épreuve. Il y aura à souffrir, tant mieux; s'il faut mourir, mieux encore. Vous serez toujours là : votre Cœur sera sur mon cœur. J'aurai toujours votre corps pour me fortifier, votre sang pour me désaltérer. Avec cela, je marcherai en avant vers le ciel! »

Voilà comment le P. Sengler s'était donné à Dieu. J'ai dû vous dire ces ardeurs et vous montrer ces élans, parce que c'était la chose de lui qu'on connaissait le moins. Et cependant n'en pouvions-nous pas soupçonner quelque chose? En voyant toutes ses puissances si contenues en Dieu, si fidèles à Dieu, ne pouvions-nous pas penser qu'il les avait assujetties d'une manière spéciale au domaine du Christ? En le voyant accomplir avec tant de perfection ses actions de tout le jour, les petites et les grandes, n'aurions-nous pu deviner qu'il en avait fait le vœu? Tant de force dans l'action ne supposait-il pas une mystérieuse vie d'union et de contemplation?

Mais quelle était cette action? S'étant ainsi donné à Dieu, comment se donnait-il aux hommes? C'est une seconde face de son âme et de sa vie; et je puis en abréger le tableau devant vous, car ce sont vos propres souvenirs que j'aurai à redire; et, sur ce terrain du collège Saint-Joseph où cette partie du discours nous transporte, votre main est dans la sienne pour la culture de l'âme de vos chers enfants.

C'est en 1872 que le R. P. Pillon, entrant en possession du collège naissant de Lille, en confia la préfecture à celui qui récemment lui demandait de daigner le prendre, faute de mieux, pour une classe de grammaire ou une surveillance d'étude. Le P. Sengler courba la tête sous la conduite de Dieu : « Qu'il est donc bon de se laisser conduire par la divine Providence ! écrivit-il dans la mémorable retraite qui l'y prépara. Comme elle m'a bien mené, et à mon insu, au collège d'abord, puis au petit séminaire, et ensuite dans la Compagnie ; et dans cette même Compagnie, à travers le noviciat, le juvénat, la surveillance, la régence, la philosophie, la théologie, jusqu'à Rome ; de Rome à Saint-Acheul, de Saint-Acheul à Metz.... Courage donc pour l'avenir. Je la retrouverai à Lille, aussi amoureuse que par le passé ; qu'elle me retrouve aussi docile ! »

C'est bien envers vous surtout qu'elle se montra amoureuse la Providence qui vous le donna, enfants et familles de Lille. A peine cet homme de petite taille, et qui, comme saint Paul, pouvait dire de lui-même *præsentia autem corporis infirma*, a-t-il paru dans l'Externat de la rue de la Barre qu'on sent que l'autorité, l'ordre, la discipline, l'esprit de piété, le travail y régneront avec lui. Le collège, sous son impulsion, prend bientôt de tels accroissements qu'une seule maison ne suffit plus, et l'on doit y joindre celle qu'occupait presque en face l'établissement des Dames religieuses de Saint-Maur. Le P. Sengler est l'âme cachée de ces entreprises pour la gloire de Dieu, et l'on commence à comprendre ce qu'il y a d'élan et d'ardente initiative dans cet homme timide.

Mais les études sont attaquées dans leur fond traditionnel par des innovations révolutionnaires. A la fin de l'année 1872, un nouveau plan d'études présenté et imposé par M. Jules Simon, ministre de l'instruction publique, fait à l'esprit moderne le sacrifice du vers latin, du thème latin, de la dissertation latine, du discours latin dans les cours classiques, le tout dans l'intérêt prétendu des langues vivantes et des sciences positives, et même, qui le croirait? de l'éducation nationale! C'était un vrai *coup d'État dans l'enseignement secondaire*. Ainsi l'ont nommé d'ailleurs amis et ennemis; et sous ce titre, le P. Sengler écrit d'abord dans les *Études* de sa Compagnie, puis publie en brochure, une cinquantaine de pages qui sont bien ce qu'on a dit de plus fort, de plus sensé et de mieux démontré sur ce sujet d'une actualité sans cesse renaissante. Ce coup d'État, c'est le coup de la mort pour l'éducation littéraire en France, et, par contre-coup, la mort de toute éducation libérale. Il le prouve énergiquement dans une série de propositions solidement enchaînées et dont la conclusion est : qu'à toute société, à la France en particulier, il faut une aristocratie intellectuelle; — que cette aristocratie intellectuelle ne se forme que par l'éducation libérale; — que l'éducation libérale est essentiellement fondée sur les études littéraires et philosophiques; — que la base de toute éducation littéraire et philosophique, c'est l'étude des langues anciennes; — que l'étude des langues anciennes, pour être efficace, réclame avant tout l'exercice de la composition latine; — enfin, qu'en conséquence, par la réforme de M. Jules Simon qui réduit à néant la composition latine, l'étude des langues anciennes est paralysée, l'éducation littéraire manquée, l'éducation libérale impossible, et l'aristocratie intellectuelle, réclamée par la France, incapable de sortir de ses écoles amoindries. » S'il y avait à réformer, le P. Sengler indique en quoi il fallait le faire, et il l'indique en homme pratique et en homme supérieur. Il n'y avait pas de réplique possible à cette démonstration d'une rare vigueur de ton comme de raisonnement. La brochure, distribuée à tous les députés et à tous les membres du conseil supérieur de l'instruction publique, porta la conviction dans les esprits compétents, et le plan d'études ne put tenir devant cette défense si ferme et si calme de ce qui était la tradition, l'honneur et l'espérance intellectuelle de la France.

Les fêtes, cependant, s'entremêlent aux études dans le collège de Saint-Joseph. Et comment ne pas mentionner cette magnifique procession de Notre-Dame de la Treille du 21 juin 1874, dans laquelle, mes chers enfants, vos aînés firent une figure si remarquée. Des groupes historiques avaient été conçus et organisés par le P. Préfet, qui vous en expliqua l'ordonnance et le symbolisme dans une brochure qu'il vous dédiait et qui se terminait par cette exhortation : « En faisant reparaître au milieu de votre cité tous ces grands hommes qui ont donné de si magnifiques preuves de leur piété envers Marie, vous aurez fait entendre, avec la voix des siècles, une voix plus éloquente : celle de votre exemple. »

Mais les deux maisons de la rue de la Barre ne suffisent plus à contenir les élèves qui affluent de plus en plus nombreux à l'Externat placé sous cette main magistrale. Il faut construire ailleurs et construire grandement. Le choix et l'achat du terrain, les négociations avec les autorités, le plan des constructions, tout se concerte et s'exécute sous l'inspiration discrète, mais toujours écoutée, de cet homme modeste, en qui chaque nouvelle nécessité qui se produit révèle des connaissances et des aptitudes nouvelles. Rien ne coûte à son dévouement; et on le vit une fois partir soudainement pour Florence auprès du R. P. Général de la Société de Jésus, afin de lui soumettre et expliquer les plans du futur édifice; puis repartir aussitôt, et, sans s'être arrêté nulle part, ni en Italie ni en France, rentrer à Lille, où il était de retour après quatre jours.

A deux années de là, s'élevait, au sein de terrains encore inoccupés, le premier de ces vastes établissements scolaires dont l'Université catholique de Lille a été le second, et qui ensemble, attirant autour d'eux de belles constructions alignées sur de vastes avenues, font maintenant de ce quartier le plus magnifique et le plus monumental de la cité. Aux grandes lignes de l'édifice, à l'ampleur de ses proportions, à la symétrie de son ordonnance, à la sage prévoyance de ses distributions, à la lumière abondante de ses ouvertures, vous avez reconnu l'esprit large, ordonné, lumineux et pratique du P. Sengler : c'est l'image de son âme. L'entreprise était hardie, les temps étaient pleins de menaces : bâtir alors un collège libre, n'était-ce pas, Messieurs, bâtir sur un volcan ? Quelques-uns se le demandaient. Mais qu'est-ce que l'Église de France aurait fait depuis cent ans, qu'aurait fait surtout la Société de Jésus, si elle eut attendu la faveur du pouvoir et l'avènement de jours prospères ?

On s'installa à la rentrée de 1876, et c'est là que nous allons voir le Père Préfet se donner en grand à ce ministère duquel il a écrit lui-même : « Je veux plus que jamais me dévouer à la gloire de Dieu, en me dépensant tout entier à mon office, en donnant à mes supérieurs, à mes inférieurs, à tous ceux qui me demandent appui, lumière et conseil, tout mon temps, toutes mes forces, tout mon savoir, toutes mes ressources, en ne gardant pour moi que les humiliations, afin que mon âme, dégagée de l'attache à tout bien terrestre, dégagée des satisfactions de l'amour-propre, croisse en humilité et soit tout entière à Dieu. Ah ! si, comme le bienheureux André Bobola, je pouvais être *saint Préfet!...* »

Or a-t-il tenu sa promesse ? Nous a-t-il tout donné ? Je vous le demande d'abord à vous, mes chers collaborateurs, pour qui sa direction était si précieuse et son commandement si honnête? Soit qu'il vous adressât la parole en public dans ces inoubliables conférences pédagogiques éclairées par sa méditation et par son expérience, soit qu'il organisât l'enseignement et l'office de chacun de vous dans un ordre où il y avait une place à chaque chose et chaque chose à sa place, soit qu'il vous communiquât ses observations d'un accent où le respect s'unissait à l'affection, ne sentiez-vous pas que cet homme était à vous tout entier? N'entrevoyiez-vous pas dans sa personne l'idéal de l'éducateur chrétien ? et votre vie de maître comme votre vie de prêtre n'avait-elle pas en lui constamment sous les yeux comme une page vivante de l'Évangile ?

Ne se donnait-il pas à vous, parents qui veniez puiser auprès de lui les conseils d'une paternité qui éclairait la vôtre ou qui la fortifiait? « Ma porte, écrivait-il dans une de ses retraites, sera toujours ouverte aux maîtres et aux élèves. Pour les parents de même : je me rendrai au parloir sans retard, sauf impossibilité absolue. Tout à tous, pour Notre-Seigneur et comme Notre-Seigneur ! » Il vous accueillait donc tous, pères et mères de famille ; mais si, même aux heures de travail et de silence qu'il s'était réservées, et durant lesquelles il avait donné l'ordre de ne pas l'appeler, la visite qu'on lui annonçait était celle d'une personne qui, par son état moins fortuné, ses malheurs domestiques, ses difficultés dans l'éducation de ses enfants, ses revers de famille ou les insuccès scolaires de ses fils, se recommandait spécialement à la charité du prêtre, la consigne donnée était levée en sa faveur, et tout était aussitôt quitté pour la recevoir. Tous, d'ailleurs, vous l'avez vu arriver à ce parloir où il portait tant de gravité religieuse dans son maintien, tant de sûreté dans sa parole. Là il vous écoutait, puis il vous répondait au sujet de votre enfant, sur ses notes, ses places, sa conduite, ses dispositions, avec une telle précision comme avec un tel intérêt que vous eussiez cru qu'il n'avait à s'occuper que de ce seul et unique élève dans la maison. Il semblait impossible de rencontrer un pasteur qui connût aussi bien *nominatim,* à fond, chacune de ses brebis. Quand vous vous retiriez d'auprès de lui, souvent il avait proféré très peu de paroles, mais il avait dit tout ce qu'il fallait dire, et vous aviez senti qu'il vous avait parlé dans la lumière de Dieu.

Ne vous a-t-il pas tout donné, surtout à vous, mes enfants? Ne vous a-t-il pas prodigué tous les trésors de son esprit, de son temps, de son cœur? Cet esprit si étendu, si clair, si méthodique, si solide surtout, ne vous l'a-t-il pas donné dans ces ouvrages scolaires, grammaires des langues anciennes, grammaire historique française, éditions classiques dont les annotations témoignaient moins encore de l'excellence de son goût que de son souci de votre foi et de votre vertu. Cet esprit, qui était ouvert à tous les rayons des connaissances humaines, ne l'employait-il pas dans le travail incessant de vos examens, de vos concertations, de vos compositions, se faisant petit avec les petits et grand avec les grands, et, de la classe de dixième à celle de philosophie, se trouvant partout à l'aise et partout chez lui ?

Et son cœur ? Ah ! il est possible que vous n'en ayez pas senti les battements qu'il comprimait ; car son affection, à lui, se défendait de l'effusion. C'était le foyer de la machine qui met tout en mouvement ; mais ce foyer se cachait. Il vous aimait plus et mieux que vous ne serez jamais aimés ; mais ce qu'il aimait en vous, c'était ce qui ne se voit pas : l'immortel agrément de la vertu ; ce qu'il exigeait de vous, c'était ce qui ne plaît pas : l'accomplissement du devoir et l'exactitude de la discipline. Aimer pour lui, c'était servir. Il vous prodiguait ses soins, et quant à ses tendresses, il les gardait pour les heures où il portait vos âmes dans ses mains devant Dieu.

Écoutez sa prière ; elle est du 16 septembre 1877, à la veille de la rentrée pour la sixième année du collège de Saint-Joseph : « O Dieu, je vous la consacre, cette année, en mon nom, et, autant que je puis, au nom de tout le collège. Vous voyez avec quelle ardeur et quel dévouement tous nos maîtres et frères s'apprêtent à entrer bientôt dans la carrière. Soutenez, développez, sanctifiez cette noble ardeur et ce beau dévouement ; couronnez-les par des grâces de sainteté répandues en abondance sur tous nos compagnons d'armes qui combattent dans ce collège et sur tous les enfants que vous allez nous confier. Que tous, les plus grands surtout, s'affermissent dans votre foi et dans votre saint amour. Allumez dans plusieurs la sainte flamme du dévouement apostolique ; choisissez parmi eux des prêtres, des religieux ; choisissez parmi eux des apôtres dans le monde, et qu'ils soient en grand nombre et tous selon votre cœur ! » Ce qu'il demande, à la fin de la même prière, c'est que les deux tiers au moins des élèves de rhétorique et de philosophie soient reçus bacheliers : « Si vous m'accordez tout cela, je m'engage à célébrer trente-trois messes en l'honneur des trente-trois années durant lesquelles votre divin Cœur a battu d'amour pour nous ici-bas ; et puis moi-même, de plus en plus dévoué à votre service ! » Voilà son amour à lui : le zèle et le sacrifice !

Il vous a donné son temps, son plus riche trésor. Et vous savez, mes enfants, s'il en était avare. Par une distribution qui tenait compte non seulement des heures, mais des minutes, il en trouvait pour tout, pour l'étude, pour la lecture, pour la correspondance, pour la composition de ses savants ouvrages, et même, je ne puis l'oublier, pour la correction des ouvrages des autres. Il en avait pour les conseils administratifs de nos Facultés catholiques, dont il était un des membres à la fois les plus discrets et les plus écoutés, et auxquels il apportait cette lumière et cette paix qui étaient comme l'atmosphère de cet homme de Dieu. Mais il en avait surtout et spécialement pour vous, ses chers élèves du collège ; et si vous voulez savoir avec quelle générosité il en fait le sacrifice, lisez ces lignes de ses retraites : « Le sacrifice prompt et généreux de mon temps en général, et de chaque parcelle en particulier, pour le service de mes frères, a toujours été pour moi un des plus pénibles, à cause d'un amour excessif sans doute que j'ai pour le travail. Mais depuis que j'ai terminé mes études et que je me trouve engagé dans ma charge, à chaque instant, pour ainsi dire, j'ai à faire le même sacrifice, me tenant toujours prêt et prompt à être à la disposition de tous et de chacun.... *Ego autem libentissime impendam, et superimpendar ipse pro animabus vestris.* »

Mais un moment vint où il ne s'agit plus seulement d'élever les enfants chrétiens, mais où il fallut les défendre. Vous vous souvenez de la néfaste époque de l'exécution des Décrets contre les religieux. Un matin du mois de décembre 1880, le P. Sengler s'étant rendu, comme à l'ordinaire, auprès du Père Recteur afin de prendre ses ordres, le P. Pillon lui dit, en lui montrant un papier : « Aujourd'hui, jour de sa fête, saint François Xavier vient de m'envoyer une grande grâce : je suis cité à comparaître devant le conseil académique de Douai. » Déjà le Père Préfet, assisté d'un conseil d'éminents jurisconsultes, avait tout employé pour aider à la défense juridique du Père Recteur. Il y avait même tellement dépensé sa santé, qu'un moment, en octobre, contraint de s'aliter, il avait inspiré de sérieuses alarmes pour ses jours. Mais Dieu savait que nous avions encore besoin de lui ; et vous pûtes le voir à l'œuvre, lorsque, frappé dans son chef, le collège dut se transférer immédiatement au boulevard Vauban, en même temps qu'il demandait à cette église du Sacré-Cœur une hospitalité dont le souvenir reste éternel dans notre reconnaissance.

Ah ! sans doute ce sera là votre immortel honneur, parents catholiques de Lille, de n'avoir pas voulu qu'un seul de vos fils manquât à notre appel. Et avec quelle courageuse unanimité nous vous vîmes alors, bravant les rigueurs d'un rigoureux hiver, nous arriver chaque matin nous amenant vos enfants, dans la neige, sur la glace, et parfois même portant les plus jeunes dans vos bras. Mais ce sera aussi l'honneur et le mérite de l'homme intrépide et imperturbable qui, aidé de notre Père Ministre, improvisait en trois jours un asile à plus de cinq cents écoliers, y faisait transporter pupitres, livres et cahiers par les élèves eux-mêmes marchant en rang sous ses ordres, trouvait place pour tous les services comme pour toutes les personnes, recrutait et formait un personnel dirigeant, enseignant et surveillant, presque tout entier nouveau, mettant partout l'exactitude, la discipline, le travail, sans exclure la gaieté, et finalement déconcertant, par le miracle de cette intrépide opiniâtreté, l'administration académique elle-même qui, sans doute embarrassée devant toute une ville d'un coup duquel elle tirait si peu de profit et de gloire, vint nous suggérer elle-même de rentrer dans ce grand collège dont la solitude forcée lui était un reproche, je n'ose dire un remords.

Maintenant, voulez-vous savoir où le modeste héros de cette campagne pour Dieu va demander un peu de repos, après cette année de combat ? Du 22 au 29 août 1881, on le trouve, comme saint Jean, sur le Cœur de Jésus, dans une retraite qui lui redonne des forces et des joies dont il fait le sujet de « mille actions de grâces. » Écoutez, et apprenez les miséricordes de Dieu pour ceux qui le servent : « Il me semble, ô mon Dieu, témoignent les Notes spirituelles, que, pendant ces huit jours de solitude et de prière, vous ayez voulu me faire oublier toutes les fatigues de l'année par vos divines consolations. Quelles douces larmes jaillissant sans effort sous la seule pression de votre amour ! Quelle vigueur nouvelle vous avez peu à peu fait couler dans mon âme épuisée et presque défaillante ! O heures bénies où mon cœur, admis à converser avec votre Cœur sacré, ô mon Sauveur, y épanchait ses douleurs, ses craintes, ses espérances, ses désirs ! Heures trop tôt finies, du moins vous me laissez un goût du ciel tel que je ne l'avais pas encore connu jusqu'ici. Vous me laissez un amour de mon divin Maître, qui, ce me semble, à l'heure qu'il est, loin de craindre les dangers et les fatigues, les appelle de tous ses désirs. Tout entier à vous, ô Verbe bien-aimé, mon Dieu et mon Roi, et au poste que vous voudrez, au poste où je suis ou à tout autre, et tant que vous voudrez ; avec votre grâce je resterai, je travaillerai, je lutterai, je succomberai, s'il le faut, mais pour vaincre et triompher avec vous dans les siècles. Ainsi soit-il, ô mon roi Jésus ! »

Le caractère de cet homme vraiment rare était la force : la force dans l'amour de Dieu et le sacrifice à Dieu ; la force dans l'action et dans le dévouement, comme nous venons de le voir ; mais aussi la force dans le renoncement et l'abnégation. C'est un autre côté de son âme.

J'ai dit qu'il y avait chez lui quelque chose qui marchait de pair avec le don de soi, c'était l'oubli de soi ; et, en effet, je n'ai jamais connu personne qui fît moins de bruit en faisant plus de bien. Il effaçait son action derrière l'obéissance qui avait été son attrait presque originel, comme il nous le révèle lui-même : « J'ai été, écrivait-il, porté à témoigner vivement ma reconnaissance au bon Dieu de l'esprit d'obéissance que depuis mon enfance sa grâce a profondément gravé dans mon cœur ; du respect de l'autorité qu'il m'a donné et qu'il avait déjà si fort développé en moi, du temps que j'étais dans le monde, pour ma mère et mes supérieurs spirituels, et surtout, depuis que je suis dans la Compagnie, pour mes supérieurs religieux, pour notre saint Père le Pape par-dessus tous les autres. Quelle grande grâce ! De là, en grande partie, ma paix, ma sécurité et mon bonheur dans ma vocation. »

Ce respect et cette obéissance qui, comme il l'écrit encore, s'appliquaient à voir Dieu dans ses supérieurs, prenaient les traits de la piété la plus tendrement filiale envers le R. P. Pillon : « Je m'étudierai, écrit-il, à faire plaisir en tout au R. P. Recteur, l'entourant de mes soins et cherchant à lui rendre sa tâche facile. Sa charge, son âge, sa santé, ses bienfaits, tout m'en fait un devoir impérieux. De plus, n'est-il pas pour nous Notre-Seigneur Jésus-Christ ? Ce que je ferais pour Notre-Seigner, je le ferai pour un si bon Père Recteur. »

Le même esprit de déférence et d'humble soumission le faisait courir au-devant des observations, des remontrances même. Un jour, par exemple, à la fin d'une retraite, en ayant provoquées auprès du P. Recteur sur sa manière d'agir, il commence par leur faire ce religieux accueil : « J'ai ouvert la réponse de mon supérieur comme une lettre envoyée par Notre-Seigneur Jésus-Christ lui-même, à genoux, en la baisant avec respect et en protestant d'avance de ma soumission entière et de ma filiale reconnaissance, quel qu'en fût le contenu. » Et comme, dans ce contenu, on en avait usé vigoureusement avec lui, comme il convenait d'agir avec un religieux si avide de vérité et de perfection : « Le coup a été dur, écrit-il dans ses Notes, mais c'est la main d'un père, d'un vrai père. Je lui en ai une profonde et éternelle reconnaissance. Bénie soit la Compagnie qui sait donner aux supérieurs une franchise aussi forte et aussi efficace pour la guérison de ses enfants! » Coûte que coûte, il fit donc immédiatement le sacrifice demandé. Puis, présentant au Seigneur son cœur ainsi broyé pour l'amour de lui : « Êtes-vous content, maintenant, ô mon doux Jésus? Il me semble que c'est là tout, absolument tout. Bénissez-moi, et ces résolutions avec moi. »

Mais si ces sentiments d'obéissance sans réserve se légitimaient parfaitement envers un homme tel qu'était le R. P. Pillon, ils ne s'imposaient pas pareillement, loin de là, envers un autre supérieur qui ne lui était pas préposé par son Institut, que lui avait donné l'infortune des temps, et que d'ailleurs ses dispositions personnelles, le respect des droits acquis, la confiance universelle dont jouissait à Lille la Compagnie de Jésus, et bientôt sa propre et croissante admiration pour la sagesse et la sainteté d'un si excellent Préfet, inclinaient envers lui à une déférence qui n'était que justice. Mais au regard de l'autorité, le P. Sengler ne faisait pas acception de personnes, et il ne se prévalut de cette situation et de ces dispositions que pour exagérer les délicatesses d'une reconnaissance dont je ne cesserai de le bénir chacun des jours de ma vie. En toute chose il ne manquait jamais de consulter celui-là même qui reconnaissait avoir tout à apprendre de lui; et son initiative la plus déterminée se subordonnait toujours à une obéissance qui tenait à laisser aux autres tout l'honneur des résultats dont il avait le premier mérite devant Dieu. Si je n'étais ici personnellement trop en cause, j'aimerais à vous raconter cet effacement de lui-même, cette obligeance secourable, cette charitable indulgence, ce désintéressement de toute estime humaine qui ne permettait pas même à la reconnaissance de lui payer sa dette sous une forme quelconque. Il avait la louange en horreur; et si, dans l'inaltérable unanimité de pensée et de sentiment qui, pendant six années, a été notre force et notre consolation, un jour fut où une dissonance vint déranger ce concert, ce fut celui où, dans quelqu'une de nos séances publiques, je laissai aller mon cœur à une allusion aux services de cet homme, « qui n'ignorait rien, qui n'omettait rien, qui n'oubliait rien, qui n'oubliait que lui-même. » Encore eut-il bientôt raison de moi sur ce point; car lorsqu'ensuite il vint me trouver confus et suppliant pour se plaindre et de mes paroles et de vos applaudissements, et que je vis dans ses yeux une larme prête à tomber sur son visage rougissant, je sentis bien que j'avais été coupable envers lui, coupable de lèse-modestie, et désormais le respect me commanda le silence.

Par tous ces dons et ces services rendus depuis quinze ans au collège et à la ville, l'autorité lui avait été donnée immense, incontestée, au dedans comme au dehors : « Le Père Préfet l'a dit ! » On ne se fut pas même avisé de discuter sa parole. Dans cet intervalle, de grandes œuvres avaient été accomplies : le collège s'était enrichi de prêtres et maîtres distingués; l'unité s'était établie et fortifiée chaque jour; la famille de nos enfants n'avait cessé de grandir, et une succursale avait été fondée pour les classes des petits. C'était, semble-t-il, pour le Père, l'heure, sinon de se reposer, du moins de jouir de son œuvre; mais Dieu lui préparait alors d'autres destinées.

Vous m'excuserez, mes Révérends Pères, si, par mes insistances auprès de votre très vénéré Père Général, j'ai retardé d'une année le bonheur que vous eûtes de voir notre Père Préfet placé à la tête de votre province religieuse. Vous me le pardonnerez facilement, vous, mes chers fils, quand vous vous souviendrez que c'est durant cette année qu'il prépara, avec le concours de notre conseil d'administration, la construction de notre chapelle, de notre salle de séances, et mit ainsi la dernière main à l'édifice de ce collège qui lui devait, en grande partie, son établissement.

Mais enfin, le 30 juin dernier, je reçus la lettre suivante qu'il m'écrivait d'Amiens, et où vous reconnaîtrez son âme tout entière : « Le bon Dieu m'a appelé aujourd'hui à Amiens pour me donner une bien lourde croix. Je ne puis la refuser de sa main. Ce qui me la rend plus douloureuse encore, c'est que je me vois obligé de vous demander de m'aider à la porter. La séparation que nous redoutions l'année dernière paraît inévitable ; et je suis réduit,— telle est la disposition de la Providence,— à me faire votre suppliant, à vous prier, au nom de votre amour pour Notre-Seigneur, de votre amour pour notre chère Compagnie, de votre amour pour la bonne ville de Lille et de ses si chers enfants, d'accepter aussi cette part de la croix qui me vient du Ciel. Quel déchirement pour moi ! Je redoute le moment du retour, et néanmoins je dois le désirer. Dieu le veut ainsi, et il nous aidera à tout arranger pour sa plus grande gloire. Pardon de la grande peine que je ne puis vous épargner, et conservez-moi votre bonté et tout votre affectueux attachement. Je suis à vous, plus que jamais et plus que je ne saurais dire, en Notre-Seigneur qui adoucira vos peines, je l'espère. »

Notre Père Préfet était nommé Provincial de sa Compagnie pour la province de Champagne. C'était inéluctable. Il me suppliait d'être son Simon le Cyrénéen ; je courbai, ainsi que lui, ma tête sous sa croix.

La chose était secrète encore et ne devait être portée à la connaissance des Pères qu'au dernier jour de la congrégation provinciale, qui se réunit à Lille. Ce jour-là, 10 août, le Père Préfet, avant de se rendre à cette assemblée, alla se mettre à genoux devant le supérieur de sa résidence, le vénéré P. Braun : « Vous êtes instruit, lui dit-il, de ce qui va avoir lieu pour moi dans un instant. Vous n'ignorez pas non plus ce que je suis et combien j'ai besoin de la grâce de Dieu. Je vous prie de daigner me donner votre bénédiction. »

Vous savez le reste, Messieurs. Vous savez les regrets unanimes des familles, des maîtres et des enfants, à la nouvelle de ce départ; vous savez le don que notre Père, avant de nous quitter, nous fit d'un homme de sa droite et d'un fils de son cœur pour le remplacer; vous savez ses dernières sollicitudes pour nous, l'organisation de notre rentrée scolaire, l'ordonnance suprême de nos constructions, et d'autres choses encore. Il nous suivait de loin avec prédilection, et c'était son repos et déjà son allégresse de penser qu'il se retrouverait parmi nous aux fêtes pascales. Pâques devait être pour lui le grand passage du temps à l'éternité.

Le R. P. Sengler pressentait qu'il dépasserait peu sa cinquantième année. Il en était averti d'abord par l'état de sa frêle santé, laquelle, au contraire, nous pouvions croire très robuste, en la voyant suffire à un si énorme travail, sans compter tant de secrètes mortifications. Mais il n'en était rien ; et on lit dans une de ses méditations de 1876, sur le mystère de la croix : « Pendant ma contemplation du soir sur Jésus chez Caïphe, j'ai senti des douleurs incroyables : mon corps était tout brisé dans les articulations surtout. J'ai tâché d'unir cela aux souffrances de Jésus mon Sauveur.... Il y a si longtemps que j'apprends à souffrir, et je le sais encore si peu ! Depuis mes premières années de collège, il n'y a presque pas de jour où je n'aie eu ou la tête, ou la poitrine, ou la gorge, ou les dents, ou le corps tout entier en proie à la douleur, et le bon Dieu sait avec quelle violence souvent !... Puisqu'il me faut me résoudre à souffrir, à porter jusqu'à la tombe mon pauvre corps déjà tout cousu d'infirmités et ouvert à toutes les atteintes de la douleur, je veux au moins le faire de bon cœur pour le bon Dieu, souffrant de bonne grâce et joyeusement avec mon divin Sauveur couronné d'épines et cloué à la croix pour l'amour de moi.... »

Un autre avertissement lui venait du peu de temps qu'avaient vécu ses frères et sœurs, lesquels avaient quitté successivement cette terre à quarante-cinq, à quarante-sept, à cinquante-trois ans. « Or voici, se disait-il en 1876, que j'en ai quarante et un passés. Soit donc dix ou vingt ans encore. Qu'est-ce que cela ? Et puis l'éternité ! O bienheureuse éternité ! Quoi ! sitôt ! Courage, mon âme ; va de l'avant, commande au corps, dompte-toi, dépense-toi. Ne vois-tu pas Jésus debout à la droite de son Père et déjà agitant la couronne au dessus de ta tête ? » En 1880, dans une autre retraite, faite au boulevard Vauban durant la dispersion : « J'ai déjà quarante-cinq ans, écrit-il. Ces dernières années qui me restent, que sont-elles en comparaison de l'éternité ? Courage, mon âme ; sers ton Dieu avec générosité. Fallut-il pour cela marcher à travers le fer et le feu, la prison ou la mort, le ciel en vaut la peine. »

Quand le Ciel l'appela tout à coup, le P. Sengler était prêt. Revenu malade de Châlons, il s'alita le 29 mars, soudainement arrêté dans ses ardents travaux pour le gouvernement de sa province. Bientôt une fluxion de poitrine se déclara avec une violence qui ne permit plus l'espoir. On entrait dans les jours bénis de la semaine sainte. Le malade, d'abord trompé sur la gravité du mal, comprit qu'il fallait mourir. Il mena cette dernière affaire doucement et simplement comme toutes les autres. « La maladie, la mort, écrivait-il un jour, viennent à nous avec un visage d'ami. Oh ! si je pouvais m'habituer à les recevoir aussi avec un visage d'ami ! Ce serait bien juste, puisque le bon Dieu me les envoie pour me tendre la main et m'élever à Lui ! » Durant ces journées de souffrance, uni constamment à Dieu, il priait à haute voix quand personne ne le surveillait; mais il se contentait de prier des lèvres et à voix basse dès qu'on s'approchait de son lit. Ses yeux étaient levés au ciel. Durant quelques instants de délire, les mots de communion et d'Immaculée Conception furent entendus. Le jeudi saint, 8 avril, le saint Viatique et l'Extrême-Onction lui furent apportés. Il enveloppa de son regard la sainte Eucharistie qu'il reçut en pleine connaissance et avec une grande ardeur. Il était onze heures du matin, l'heure où notre procession, faisant cortège à Jésus-Christ, se rendait au reposoir du très saint Sacrement. Le mourant priait toujours; ses traits avaient revêtu une expression angélique. Sentant la fin approcher, il fit effort pour joindre ses mains qui restèrent ainsi unies jusqu'après son trépas. Puis, vers midi et demi, premières Vêpres du vendredi saint, il s'éteignit sans agonie : son âme était avec Dieu.

Auprès de son lit se dressait, depuis cinq jours, une belle et grande palme qu'on lui avait apportée, le jour des Rameaux, à l'issue de la messe. Il l'avait reçue avec joie et l'avait fait placer dans sa chambre près de lui. Elle y resta durant sa courte maladie; puis, quand on l'ensevelit, on la déposa fidèlement à sa droite; elle repose dans son cercueil. Il entrait donc dans l'autre vie, emportant avec lui le corps de Jésus-Christ qu'il venait de recevoir, et la palme des vainqueurs.

Un jour, étant à Rome, le P. Sengler, visitant les salles du Vatican, s'était extasié devant le chef-d'œuvre de Raphaël, la Transfiguration. Le visage de Jésus glorieux l'avait ravi. Un an plus tard, dans sa grande retraite, il se le rappelait encore, et il écrivait : « Vous voir, ô mon Dieu, vous voir ! Ah ! si jamais, comme quelques saints, j'avais eu le bonheur, l'ineffable bonheur de vous voir, de vous contempler un instant seulement ! Mais j'en serais mort de bonheur.... Que du moins, par votre grâce, la foi produise en moi ce que votre vue produisait en vos saints, en attendant le ciel ! L'attente sera longue, dure, accablante ; mais je sais que vous y êtes, et je patienterai. Pour charmer et soutenir ma pauvre âme pendant le reste de mon pèlerinage, je lui remettrai devant les yeux la Transfiguration de Raphaël, où vous m'êtes apparu si beau, si divin. J'en suis encore dans le ravissement. Non, jamais plus sur la terre je ne verrai votre adorable visage si beau des glorieux reflets de votre âme bienheureuse, toute pénétrée elle-même des rayons de la divinité. Et si telle est l'image, quelle dut être la réalité ! Et si telle fut votre transfiguration, quelle dut être votre résurrection : *Beati qui viderunt ; beati et qui videbunt !* Par votre grâce, Seigneur, j'en serai, je verrai votre gloire. Maintenant déjà, je le sais, je le crois, et ce m'est un commencement de bonheur. »

O Père, oui, vous en serez de cette immortelle compagnie des heureux, et tout nous fait estimer que vous en êtes dès à présent. Sans doute, nous prions et nous prierons encore pour votre béatitude ; mais permettez-nous la confiance que déjà nous sommes exaucés, et que cette beauté divine dont l'image vous ravissait, vous la contemplez aujourd'hui face à face ! Vous prépariez parmi nous un temple à Jésus-Christ, et nous aimions à vous voir en combiner vous-même toutes les proportions, semblable à cet ange que l'Apocalypse nous représente tenant en main un mètre d'or, dont il mesure les murailles de la cité de Dieu. Mais si Dieu ne vous a pas laissé le temps de voir s'élever dans les airs les colonnes de notre édifice terrestre, nous voulons croire que sa justice miséricordieuse vous a introduit dans ce temple éternel qu'illumine la clarté de sa face et dont « la lampe est l'Agneau » resplendissant de gloire.

Là, vous aurez retrouvé tous ceux que vous avez aimés, honorés ou servis. Vous y aurez retrouvé vos religieuses sœurs, ces épouses du Christ, qui lui font avec vous cortège dans l'éternité. Vous y aurez retrouvé vos pères et frères en religion, et, en particulier, ce vénéré Père Recteur qui, comme ici-bas, a dû se réjouir là-haut de vous avoir près de lui. Vous y aurez retrouvé ces jeunes et chers élèves du collège Saint-Joseph, aimables et pieux enfants qui, cueillis dans la fleur de l'âge, de l'espérance et de la distinction, s'en sont allés orner les autels du Seigneur. Vous y aurez enfin retrouvé tant d'hommes de bien et de foi de cette ville de Lille qui, la semaine dernière encore, envoyait vers la patrie un de ceux dont vous me faisiez admirer davantage la belle âme et le grand cœur.

Ah ! nous ne vous plaignons pas, car vous vous êtes enrichi de tout ce que nous avons perdu. Mais souffrez que d'un cœur affligé, quoique soumis, nous nous plaignions nous-même, nous à qui manquent aujourd'hui votre conseil, votre force, votre sagesse, votre profonde tendresse, et cette douceur de votre présence qui nous faisait comprendre combien il est bon de vivre auprès des amis de Dieu. Une consolation nous reste néanmoins : c'est d'abord la pensée que de là-haut vous veillez encore sur notre famille, puis c'est l'aimable espérance que vous êtes allé nous y préparer une place, et que nous vous rejoindrons un jour dans ce paradis que votre départ nous a rendu plus désirable, et qui sera trouvé plus beau dans l'immortelle société d'hommes tels que vous. Ainsi soit-il.

APPENDICE

I

CONVENTION

signée, en 1858, entre un jeune frère mourant de la poitrine à Saint-Acheul et le frère Sengler.

« Moi, soussigné, frère Antoine Sengler, S. J., m'engage envers le frère B. H., S. J., si le bon Dieu daigne l'appeler à lui, à lui donner tout le mérite des bonnes œuvres que je pourrai faire, et toutes les indulgences applicables aux âmes du purgatoire que je pourrai gagner pendant l'année entière qui s'écoulera depuis le moment où son âme aura été retirée de son corps par son Créateur et Sauveur.

» Pour cela, je désire seulement que ladite âme s'intéresse de tout son pouvoir auprès de Notre-Seigneur Jésus-Christ, de la très sainte Vierge et de saint Ignace, et m'obtienne les trois grâces suivantes :

» 1° D'avoir et de conserver une pureté angélique; 2° de persévérer et de mourir dans le sein de ma mère, la Compagnie de Jésus; 3° enfin de devenir un instrument apte et docile entre les mains de la même Compagnie pour tout ce qu'elle aura la bonté de me confier, pour la plus grande gloire de Dieu et le salut des âmes.

» Fait à Saint-Acheul, le 1er du mois d'août 1858, fête de saint Pierre-ès-Liens, et lendemain de la saint Ignace.

» Ant. Sengler, S. J. »

« Moi, soussigné, frère B. H., m'engage réciproquement à répondre de tout mon pouvoir aux vœux du frère Antoine Sengler.

» Fait le même jour, dans la même maison.

» B. H. »

II

JUBILÉ SACERDOTAL DU T. R. P. GÉNÉRAL, ET ORDINATION SACERDOTALE DU P. SENGLER

Le P. Sengler, scolastique, adressa au T. R. P. Général, à l'occasion de sa cinquantaine de prêtrise, des strophes, parmi lesquelles on remarque celles-ci :

.... Commande donc et marche, ô vaillant capitaine;
Sur tes pas nous aimons à braver les hasards.
L'enfer a beau rugir; chaque bataille amène
De nouveaux combattants à tes saints étendards.
Tu les trouvas deux mille : et voilà que l'Église
Compte huit mille preux en armes près de toi.
Tous gardent l'antique devise :
Jusqu'à la mort, Pontife-Roi!

Bientôt luira le jour hâté par ta tendresse,
Où tes prêtres nouveaux offriront au Seigneur
Ce sang qui fit fleurir ta vaillante jeunesse,
Ce sang qui rajeunit chaque matin ton cœur.
Ah! si nous pouvions tous, jusqu'à la cinquantaine,
Porter, reconnaissants, ta mémoire à l'autel,
Comme toi, fermes dans l'arène,
Lutter, les yeux fixés au ciel!

En effet, à la prière des scolastiques du collège romain, le T. R. P. Général avait accordé, à l'occasion de sa cinquantaine de sacerdoce, que l'ordination de la prêtrise fût anticipée pour eux de six mois, et célébrée le 7 mars au lieu de septembre.

C'est le sujet d'une lettre du P. Sengler à sa sœur Bernardine, supérieure d'une maison des Filles de la Charité à Strasbourg :

« Je puis donc, lui écrit-il, vous annoncer dès aujourd'hui cette bonne nouvelle, ma chère sœur; votre Antoine recevra enfin l'onction sainte et le sacerdoce de Notre-Seigneur Jésus-Christ. Le samedi, 13 mars, je serai ordonné sous-diacre à Saint-Jean-de-Latran ; le dimanche, 14 mars, diacre dans une chapelle de l'Apollinaire, par le cardinal-vicaire Patrizzi ; enfin, le samedi saint, le même cardinal me conférera la prêtrise dans la basilique de Saint-Jean-de-Latran, qui est la grande église patriarcale de Rome.

» .... Je ne vous oublierai pas dans ces jours de mes premières messes, ô ma bien chère sœur Bernardine, ni ma chère sœur Sophie, ni ma bien-aimée Adèle. Je vous aurai présentes à mon esprit avec tout ce que je vous dois et tout ce que je vous suis. Envoyez cette lettre à sœur Sophie, afin qu'elle voie bien que je pense à elle, comme je le dois. Dites aussi à Adèle que je prierai bien pour sa persévérance dans la vertu et son avancement dans la ferveur au service de Dieu. De même pour nos parents et amis de Schlestadt et du Rieth.

» Et maintenant, à mon tour, mes chères sœurs, je vous conjure de prier et de faire prier pour moi, afin que ma pauvre âme se prépare dignement à la participation si sublime mais si redoutable du sacerdoce de mon Sauveur.

» .... Adieu, en Notre-Seigneur et en Marie notre Mère. »

Nous ne saurions assez regretter la destruction de toutes les lettres, sauf celle-là et une autre, que depuis son adolescence le R. P. Sengler avait coutume d'adresser à sa famille et particulièrement à ses sœurs. Cette précieuse correspondance avait été réunie, après la mort des sœurs religieuses, entre les mains de l'unique survivante, Mlle Adèle Sengler, qui l'avait classée et mise en ordre, l'estimant un vrai trésor. C'était, en effet, non seulement le miroir de l'âme et de la vie de cet homme de Dieu, mais surtout un inestimable guide de spiritualité, où l'on voyait un frère dirigeant ses sœurs vers la perfection. Mais lors de son dernier voyage en Alsace, le 28 janvier 1887, deux mois avant sa mort, le R. P. Provincial demanda à sa sœur le sacrifice de ces lettres avec une telle insistance qu'elle ne pût le lui refuser ; et le soir même, il reçut le tout qu'il livra au feu immédiatement.

Il y a un an, Mlle Sengler vint faire sa retraite à Lille, chez les Religieuses du Cénacle, sous la direction de son frère. Il allait régulièrement conférer avec elle pour la conduite de son âme ; mais il se priva de la consolation de dîner avec elle, même le jour de son départ. Toutefois, ce jour-là, il vint solenniser la clôture de sa retraite en célébrant la messe au Cénacle et lui donnant la communion. C'étaient les adieux de Benoit et de Scholastique.

III

LE VŒU LE PLUS AGRÉABLE A DIEU

délibéré et émis durant la retraite de trente jours du troisième an, décembre 1870.

Nous avons cru devoir placer ici la succession des méditations, lumières et résolutions du R. P. Sengler sur ce grand objet, dans la pensée que toutes les âmes religieuses y trouveraient une solide édification, et plusieurs une direction très sage, très méthodique et très élevée, dans la manière de proceder à leur élection spirituelle.

Cinquième jour. « Comme, par la grâce de Dieu, je veux absolument assurer le salut de mon âme, et, pour cela, prendre tous les moyens nécessaires ou utiles, dès que le bon Dieu me les fera connaître, j'embrasse la pratique de toutes les petites règles de toute l'énergie de ma volonté, et, je l'espère, avec une vraie et entière sincérité. Il y a longtemps déjà que l'idée m'était venue d'en faire *le vœu :* Notre-Seigneur sans doute me l'avait inspirée. J'ai différé surtout dans la crainte que mon confesseur ne me rebutât en me voyant incapable d'une telle perfection. Me voici au troisième an auquel je renvoyais toujours l'exécution d'un dessein qui semblait ne venir que de Dieu pour le bien de mon âme. N'est-ce pas maintenant le temps favorable pour le faire et le bien faire? Si ce n'est pas maintenant, quand donc? Jamais certainement. J'y penserai très mûrement, ô mon Dieu! je vous demanderai votre lumière; vous ne me la refuserez pas. J'en conférerai avec le R. P. Instructeur, auquel vous donnez grâce pour me diriger : sa décision sera la vôtre. Si c'est là votre volonté, assistez-moi aussi pour bien assurer jusqu'aux moindres détails. Que tout vienne de vous pour se soutenir par vous! — J'ai passé toute ma méditation sur ce point. »

Neuvième jour. « A propos de la xve règle de l'Institut, relative à *l'entière observation de toutes nos constitutions*, puisqu'au tribunal de l'éternité je serai jugé d'après cette règle qui embrasse toutes les autres, pourquoi ne prendrais-je pas les moyens les plus sûrs pour leur donner toute la rectitude et la perfection voulues ? Plus j'astreindrais mon âme à cette règle divine, plus elle y serait fidèle. Si donc à l'obligation générale qui me lie déjà j'ajoutais l'obligation spéciale et plus étroite du *vœu*, qu'est-ce que j'y perdrais ? Quels inconvénients ou quels dangers pour mon âme ? A-t-elle à redouter un lien nouveau qui l'unît plus étroitement, plus fortement à Dieu ? à sa vocation ? à sa perfection ? Je n'y vois que des avantages et de très grands : un stimulant perpétuel de tous les jours, de tous les instants ; un secours spécial de Notre-Seigneur pour cette obligation nouvelle et spéciale ; et sans doute aussi un regard plus amoureux de Dieu, de Notre-Seigneur, de sa très sainte Mère, de saint Ignace, des saints de la Compagnie sur ma pauvre âme, et partant, de leur part, un soin plus empressé de mon avancement spirituel.

» Je ne vois pas encore comment il faut établir les conditions et les détails de cet engagement, afin que mon âme en soit aidée et non embarrassée, et que par conséquent retrécissant, pour ainsi dire, sa voie, elle puisse du moins y marcher à l'aise et sans trouble. Notre-Seigneur m'éclairera sur tout cela.

» Mais dès maintenant il fallait consigner ici l'attrait de la grâce ; car il me semblait bien hier, en réfléchissant sur ces paroles : *Ecce sto ad ostium et pulso*, que c'était là ce que Notre-Seigneur attendait depuis longtemps et demandait enfin de moi. Je n'ai pas sans doute la vertu du Père de la Colombière, ou de tels autres qui ont fait ce vœu ; mais Notre-Seigneur exige-t-il que, pour le faire, il faille pouvoir l'observer avec la même perfection ? Je l'observerai dans ma mesure ; le bon Dieu n'en demande pas davantage : *perfectionis quod divinâ gratiâ consequi possimus.* (Reg. xxi.) Je pense à tout cela avec calme et grande confiance, malgré ma faiblesse. N'est-ce pas là un signe de Dieu ? En attendant, je prierai, je réfléchirai, je proposerai au R. P. Instructeur, et puis nous verrons ce qu'il y a de mieux *in Domino*. »

Douzième jour. « Hier, en me promenant pendant la récréation de midi, le diable — car j'ai bien vu par la fin que c'était son ouvrage — a cherché à me troubler et à abattre mon courage, surtout, je crois, en vue du *vœu* dont je m'occupe depuis deux jours. Il me représentait donc tout ce qui me manquait du côté des qualités naturelles, du talent, du savoir-faire, de la manière de traiter avec les autres, de la vertu. Puis, profitant sans doute d'un petit malaise corporel et d'une faiblesse de poitrine un peu plus sensible, il me faisait voir la vie, du moins active et utile à la Compagnie, comme finie pour moi, la mort comme ne pouvant tarder longtemps. Toutes ces choses m'ont un peu attristé, inquiété. Non que je craigne la mort; mais la pensée d'avoir si peu servi la Compagnie me causait un vrai chagrin? Tout cela tendait évidemment à détourner mon âme de la sérieuse application nécessaire pour assurer l'avenir, comme si cela n'en valait plus la peine. Par la grâce de Dieu, j'ai fini par voir le piège, et chassant toute inquiétude par un acte de conformité à la volonté divine, par rapport à ma santé, à mes qualités et défauts et à ma vie, j'ai pris la résolution, tout en tâchant de me tenir toujours prêt à la mort, d'arrêter mon plan de vie comme si j'avais à l'appliquer pendant cinquante ans et plus. »

Même jour. « Il faut absolument que je pourvoie à la perfection religieuse dans les petites choses pour tout le reste de ma vie et dans cette retraite même. Tous les saints me le crient; Notre-Seigneur me presse; l'Esprit-Saint ne saurait être plus explicite. Donc, *motifs* pour lesquels il faut que je m'applique définitivement et constamment à faire bien, très bien les occupations de la vie ordinaire : 1° sauvegarde infaillible mais nécessaire de mon âme, de mes vœux; 2° préparation nécessaire aux grandes choses; 3° moyen indispensable pour arriver à la sainteté, à la perfection; 4° moyen de procurer pour toute l'éternité une grande gloire à Dieu, et à moi plusieurs degrés de bonheur; 5° exemple de la vie ordinaire mais sublime de la sainte Famille à Nazareth; 6° enfin, et par-dessus tout, Notre-Seigneur me le demande, je n'en puis douter; aurai-je le cœur de le lui refuser, à lui ce bon Sauveur qui m'a tant aimé, *qui tradidit semetipsum pro me!*

» Non, c'en est fait, ô mon bon et si aimable Sauveur! A défaut de tout autre motif, votre amour me suffirait; il sera toujours du moins le principal. *Je viserai donc en toute chose à la perfection*, ou plutôt : *à la perfection de toute chose*, pour vous plaire et reconnaître par ce petit retour votre amour pour moi. »

TREIZIÈME JOUR. « *La perfection tout entière*, voilà ma devise, mon cri de guerre, mon but : il faut que je le poursuive. La perfection en toute chose, *id quod est optimum*, la perfection dans l'observation de toutes mes règles, des petites comme des grandes, selon qu'il est demandé par la xve règle : *Omnes constanti animo incumbamus ut nihil perfectionis... in absolutâ omnium constitutionum observatione... prætermittamus*. Je suis bien compris parmi les *omnes*, et le livre sur lequel je serai jugé ce seront *omnes constitutiones*, et l'on m'en demandera l'*absoluta observatio*. Voilà ce que je devrai assurer, coûte que coûte. C'est là, ce me semble, le vœu que Dieu me demande. Sa grâce m'assistera. De moi-même, c'est impossible, absurde d'y penser. Mais plus je suis misérable et imparfait, plus je suis obligé de compter sur Dieu qui me l'inspire, et de m'appliquer aux moyens nécessaires pour y être fidèle. Je réfléchirai encore, et surtout je prierai. »

QUATORZIÈME JOUR. « Comme, en me promenant pendant la récréation de midi, je réfléchissais sur le vœu du Père de la Colombière et sur le moyen de l'imiter, je vins à penser tout à coup que, si je le faisais, cela plairait fort à la très sainte Vierge.

Quant au vœu du Père de la Colombière, les explications qu'il ajoute au sujet de certaines règles me paraissent fort sages, mais je ne crois pas que cela me convienne. Je voudrais quelque chose de plus simple, de plus net, de plus dégagé, et qui, par la même, pût enlever plus puissamment ma volonté. Des explications de ce genre deviendraient facilement, ce me semble, pour moi, du moins, des restrictions, et je n'en veux apporter aucune, aucune absolument. Ne serais-je pas tenté souvent de me dire : Ai-je voué jusque-là? Puis-je aller jusqu'à ce point? Source de troubles de conscience et de lâchetés trop bien colorées! Pour tout cela, je voudrais vouer tout simplement *de faire en toute chose ce que je jugerai le plus parfait*, selon nos règles, bien entendu, et dans l'esprit de nos constitutions. C'est d'ailleurs le *Ad majorem Dei gloriam* de mon bienheureux Père, la fin propre et spécifique de la Compagnie. »

Seizième jour. « Cette manière de me donner au bon Dieu me plaît fort, me console beaucoup et me donne du cœur; car par là :

» 1° Je ne réserve rien, rien absolument. C'est ce dont mon cœur a besoin; voilà pourquoi, dès ma première enfance, je voulais me faire prêtre, partir pour les missions; c'est ce qui m'a conduit au noviciat; c'est lorsque je faisais cela que j'étais le plus heureux, même en luttant.

» 2° Je ne fais autre chose que prendre enfin au sérieux la règle quinzième du sommaire... *nihil perfectionis prætermittamus*. C'est là ce que je voue, ni plus ni moins.

» 3° Par là même je mets en sûreté toutes mes règles, les petites comme les grandes; car, par le même vœu, j'entends bien tout d'abord vouer l'observation de toutes les règles, et l'observation la plus parfaite qu'il me sera possible....

» 4° J'imite le plus parfaitement que je puis Notre-Seigneur Jésus-Christ, dont toute la vie se passa à faire *ce que* son Père voulait, et *comme* il le voulait : *quæ placita sunt ei* (Patri) *facio semper*. Ce sera ma devise, que je puis remplacer par cette autre plus brève et équivalente : *Ità, Pater*. Qu'il s'agisse de me résigner ou bien de me dévouer : *fiat! Ecce venio!*

» 5° Comme en pratique le plus parfait est généralement ce qui est le plus humble, le plus bas, le plus crucifiant pour la nature, en le choisissant autant qu'il me sera possible, j'accomplis d'abord les règles douzième et treizième du Sommaire touchant la mortification et l'abnégation en toutes choses, surtout dans les emplois bas et pénibles ; mais surtout j'entretiens et je fortifie dans mon cœur la tendance au troisième degré d'humilité, qui est l'esprit le plus pur de la Compagnie et qui fait l'essence du Jésuite. C'est, comme dit la règle douzième, le chemin le plus sûr, après la prière, pour arriver à ce désir franc et ardent des mépris, par amour pour Jésus-Christ.

» 6° J'évite nécessairement la tiédeur et les maux qui en sont la suite; comme aussi les défauts plus ou moins liés avec une vertu vulgaire, tels que la susceptibilité, la nonchalance, l'habitude détestable d'agir par manière d'acquit ou par routine, une vie sans gêne, de laisser-aller, de mollesse ou de sensualité, etc.

» 7° Je puis vraiment compter sur la grâce du bon Dieu.

» 8° Enfin, je puis aussi espérer quelque peu l'amour de Notre-Seigneur Jésus-Christ.

» C'est bien par amour pour ce divin Sauveur que je m'engage dans cette lutte qui sera longue et pénible. Mais, puis-je faire autrement? *Dilexit me et tradidit semetipsum pro me.* Et qu'est-ce que mon sacrifice auprès du sien?...

» Sans doute, ô mon Dieu, c'est pour sauver ma pauvre âme rachetée de votre sang que vous m'avez inspiré ce vœu, et c'est pour mettre mon salut en sûreté que je le fais. Mais le motif principal, je dirais presque le motif unique (tant il absorbe tous les autres), c'est pour vous plaire, *c'est pour vous plaire*, ô mon très doux Sauveur, et *pour glorifier votre Père.*

» Et maintenant, si j'ose demander encore quelque chose, non pas en retour de ce que je vous offre, mais comme gage de votre bienveillante acceptation, c'est cette grâce que je désire et que je vous demande depuis si longtemps : la grâce d'aimer et de désirer les mépris et les opprobres pour votre seul amour, ô mon Amour crucifié pour moi, et de les aimer comme vous-même vous les avez aimés et embrassés pour moi.... Je vous le demande, les larmes aux yeux, et plus encore dans le cœur, par Marie, ma Mère bien-aimée, à laquelle vous ne pouvez rien refuser.... O Marie, ma Mère! faites violence au cœur de votre divin Fils pour un pauvre pécheur. »

Même jour. « L'obligation de mon vœu sera la même que celle des vœux religieux et des vertus chrétiennes, légère ou grave, suivant la matière. C'est un bon stimulant que de me voir obligé enfin d'aimer le bon Dieu *de mon mieux*, sous peine de péché. Je le vois, c'est grave, et cela mérite réflexion. Mon âme n'est pas sans angoisses : n'est-ce pas au-dessus de tes forces? pourras-tu tenir ? Et si tu ne tiens pas, n'est-ce pas téméraire à toi de penser à une pareille chose? Cela est pour les saints; mais pour toi !...

Je vais recommander la chose à Notre-Seigneur pendant ces trois jours à l'autel. Dimanche, je l'espère, il aura parlé à mon cœur, et sa parole, comme d'ordinaire, sera claire, suave et forte.... »

Dix-huitième jour. « Depuis la messe d'hier, un grand calme s'est établi dans mon âme. J'avais, à différentes reprises, mais surtout à la communion, élevé mon cœur vers Dieu et conjuré Notre-Seigneur de m'aider dans cette action solennelle de mon projet de vie. Pendant l'action de grâces, je frappai de nouveau à son cœur, pour qu'enfin il daignât me faire sentir sa volonté. Au milieu de mes soupirs et de mes larmes, j'écoutais au fond de mon cœur. Les seuls mots que j'entendis furent ceux-ci : « Que crains-tu ? Pourquoi hésites-tu ? Ai-je hésité à mourir pour toi? Perd-on à être généreux avec moi ? Marche en avant, je serai avec toi ! » Je priai encore, et les mêmes pensées me reviennent, en me remplissant, comme la première fois, de consolation et de courage. J'étais persuadé que Notre-Seigneur voulait que je me donnasse à Lui par ce vœu, et je finis mon action de grâces avec la certitude que la lumière se ferait aussi incessamment sur les points secondaires. »

Le soir. « Au commencement de la méditation, l'idée de mon vœu me revint à l'esprit. Je l'examinai en tout sens devant Notre-Seigneur; il me donna des lumières inattendues, accompagnées d'une paix, d'un contentement, d'un bonheur qui me jetaient dans l'étonnement.

» Voici, en résumé, ce que vis :

« D'abord, qu'il fallait que je fisse ce vœu; que Notre-Seigneur m'aiderait; que ce vœu ne serait aucune cause de trouble pour ma conscience, et qu'au contraire, il me donnerait enfin la paix et la joie qu'on ne trouve que quand on est tout entier au bon Dieu; et que, comme c'est une tendance qui date de plusieurs années et dont la seule pensée m'anime au bien, je ne devais pas douter qu'elle ne vînt de Dieu.

» Ensuite, qu'il n'y aurait pas même lieu de le limiter pour le temps, comme pour le prendre à l'essai; mais qu'il fallait d'un seul coup et avec confiance jeter à Notre-Seigneur toute ma vie; que je pourrais cependant le laisser toujours à la discrétion de mon confesseur ou de mon supérieur, prêt à écouter leur voix dès qu'ils croiraient devoir en Notre-Seigneur suspendre ce vœu ou le briser entièrement.

» Dans la manière de l'envisager ou de le formuler, je me suis dit qu'il fallait mieux remplacer le mot *le plus parfait* par celui-ci : *ce qui plaira davantage au bon Dieu, à l'exemple de Notre-Seigneur Jésus-Christ.* D'abord cette expression « le plus parfait » me semble trop abstraite, un peu dure, froide, sèche, propre à resserrer le cœur et aussi trop bien sonnante pour l'amour-propre; l'autre, au contraire, me met tout de suite en présence du bon Dieu et de Notre-Seigneur. Elle m'invite à agir envers le bon Dieu comme un enfant bien né envers un père qu'il aime et dont il est aimé; elle me présente Notre-Seigneur, mon adorable modèle, mon chef et mon soutien tout-puissant, toujours devant moi et à mes côtés : j'ai si grand besoin de ne le jamais perdre de vue, surtout pour marcher droit et ferme dans le troisième degré d'humilité! Enfin, cette formule me paraît porter avec elle les motifs principaux de ce vœu, les plus capables d'agir sur ma volonté, et de l'emporter avec autant de suavité que de force vers tout ce qui est bien, et le bien le plus parfait : l'amour de Dieu et l'amour de Notre-Seigneur Jésus-Christ. C'est le *quæ placita sunt ei facio semper* de Notre-Seigneur; comme encore son *Ità, Pater;* et son *Ecce venio, ut faciam, Deus, voluntatem tuam.*

» Je viens de trouver le vrai mot dans l'*Imitation* (III, 15) :

Da mihi hoc semper desiderare et velle quod tibi magis acceptum est et carius placet !

» .... Il me semble 1° que, pour bien observer ce vœu, je n'ai qu'à continuer ce que je fais depuis assez longtemps en le perfectionnant et en l'étendant à toutes les rencontres, ce que j'omettais parfois. Avec le stimulant de cette obligation, et surtout avec la grâce plus abondante sur laquelle je compte, je pourrai être fidèle. 2° Que maintenant Dieu va être véritablement mon Père, et moi son enfant; que je commence véritablement à être le disciple, le compagnon de Jésus. Cela me remplit de joie.

» Pour assurer la parfaite observation de ce vœu, voici les choses que, pour le moment, je crois nécessaires ou utiles :

» 1° Je le déposerai dans le Cœur adorable de mon divin Sauveur, afin qu'il daigne le faire agréer à son Père, puis l'agréer lui-même et le prendre sous sa divine garde.

» 2° Je prierai la très sainte Vierge, saint Joseph, mon saint Ange gardien de m'aider, à cet effet, de leur intercession auprès de Dieu.

» 3° Tous les jours, à la sainte messe ou pendant l'action de grâces, je le renouvelerai pieusement avec mes autres vœux de religion.

» 4° Tous les dimanches, je ferai ma méditation sur ce vœu.

» 5° A la récollection du mois, ce vœu fera un des points principaux de ma revue, et, dans mon compte de conscience à mon confesseur, j'en ferai une mention spéciale, ainsi que dans ceux que je rendrai au R. P. Supérieur et au R. P. Provincial.

» 6° Je ferai toute ma vie, mais surtout cette année et les premières qui suivront, une étude spéciale, approfondie, amoureuse toujours et pratique de nos règles d'abord, ensuite de tout l'Institut, afin de savoir parfaitement et pour toujours toutes mes obligations et le véritable esprit dans lequel il faut les remplir. Pour cela, je me servirai encore des conseils et des exemples des religieux les plus parfaits.

» 7° Je me confesserai de tous mes manquements, soit pleinement, soit demi-pleinement délibérés, et je m'en punirai par une double pénitence, soit privée, soit publique, accusant la faute au réfectoire, si elle peut l'être.

» Il faut que je me garde des moindres imperfections. »

Dix-neuvième jour, Dimanche. « Après toutes mes réflexions, mes prières et mes larmes, je demeure toujours dans la persuasion que le bon Dieu attend ce vœu de moi, que le Seigneur le bénira et m'en adoucira beaucoup la pratique, que je n'ai rien à craindre et tout à espérer, et que, par conséquent, je puis, sans témérité et sans imprudence, aller en avant, que même je le dois.

» Par la grâce de Notre-Seigneur Jésus-Christ, je suis prêt à le faire, si Votre Révérence, qui est ma dernière ressource, le juge à propos pour la gloire de Dieu.

» Je le ferais, dès aujourd'hui, pour huit jours, non point par défiance, mais afin que l'expérience m'apprenne ce qu'il y aurait à élucider ou à préciser davantage. A Noël, je le ferais pour toute la vie. »

Même jour. « Je reviens de la chapelle, le cœur rempli d'une joie et d'une consolation intimes, tranquilles, mais aussi des plus douces que j'aie jamais goûtées. C'est le bonheur de ma première communion, du jour de mes vœux et de ma première messe. Que le bon Dieu est bon de se montrer si sensible à la misérable offrande de sa pauvre créature !

» Après m'être donc prosterné aux pieds de Notre-Seigneur, et après avoir réveillé ma foi en la présence réelle de son humanité sainte et de sa divinité dans le saint tabernacle, je lui ai offert, avec l'agrément du R. P. Instructeur, mon vœu pour huit jours, à peu près dans les termes suivants :

« Mon divin, mon bon et aimable Sauveur, vous êtes là véritablement présent avec ce corps, cette âme, cette divinité qui apparurent d'une manière à la fois si douce et si majestueuse sur le Thabor, au milieu de vos disciples et sur le Calvaire, et qui maintenant rayonnez d'une si grande gloire dans le ciel. Et moi, pauvre et indigne pécheur, je suis à vos pieds, et vous m'y souffrez avec bonté, et vous m'encouragez à vous faire l'offrande de mon pauvre cœur. Recevez-le donc pour le présenter tout entier à votre divin Père. Agréez et faites-lui agréer *le vœu* que je fais en ce moment entre vos mains à sa divine Majesté, pour durer jusqu'au jour de Noël, à neuf heures du matin (à moins que je ne l'aie déjà renouvelé alors pendant les messes de ce jour), *de faire toujours et en tout ce qui lui plaira davantage, à l'exemple de Jésus-Christ, son Fils bien-aimé.*

» Ce que je promets là de faire n'est que justice, je le sais; et, si je n'avais pas été si ingrat, j'aurais dû le faire depuis le premier usage de ma raison. Mais enfin, je veux rendre à mon Créateur la gloire qui lui est due, à mon Père l'amour filial qu'il attend de son enfant adoptif, et à vous, mon divin Jésus, le retour que votre amour pour moi demande depuis si longtemps. Et c'est encore vous qui m'aiderez à acquitter ma promesse. Votre amour seul m'a poussé à cet acte qui serait téméraire, surtout de ma part, si je ne comptais entièrement sur votre grâce. Que votre grâce donc me soutienne et remporte encore ce triomphe sur les misères de ma nature.

» Dimanche prochain, j'espère pouvoir renouveler ce même vœu au pied de votre crèche, mais ce sera pour la vie. Ah! si ces pauvres étrennes pouvaient vous plaire, quel bonheur pour moi! »

VINGT-DEUXIÈME JOUR. « Voici le quatrième jour de mon vœu. Par la grâce de Notre-Seigneur, je ne vois rien en quoi j'y ai manqué tant soit peu volontairement. J'y vais bien simplement, en tâchant de profiter des occasions qui se présentent pour faire, comme je l'ai promis, ce qui me paraît le plus agréable au bon Dieu et à Notre-Seigneur. Le matin, pendant l'action de grâces de ma messe, je renouvelle ce vœu avec les autres, en me proposant de bien l'observer, et en jetant un coup d'œil sur la journée, afin de voir s'il n'y aurait pas quelque circonstance particulière où j'aurais à le mettre en pratique. Aux deux examens, je regarde ce en quoi j'y ai pu ou manquer ou être fidèle....

» La parole de Notre-Seigneur à la bienheureuse Marguerite-Marie au sujet de son vœu m'a plu beaucoup, et j'en espère beaucoup de facilité pour l'accomplissement du mien : « L'unité de mon amour te servira dans la multiplicité des actions, *contra effusionem ad exteriora.* » (S. BERNARD.) — *Ubicumque fueris tuus esto ; noli te tradere, sed accommodare.* »

VINGT-CINQUIÈME JOUR. « Hier et ce matin, je me suis occupé de mon vœu. Une faute de dissipation commise hier m'a donné de vagues frayeurs pour ma fidélité à venir. En rentrant dans ma chambre, vers deux heures et quart, je m'approchai de la fenêtre pour la fermer, et, en la fermant, la pensée me vint d'écouter un instant pour m'assurer si la bataille continuait. Tout en voyant vaguement que ce n'était pas bien et qu'il valait mieux faire le sacrifice de cette petite curiosité, comme je l'avais fait pendant et depuis la récréation, je me raisonnai en sens contraire, me disant : Si je sais que le danger continue, je prierai avec plus de ferveur. Ce disant, je m'arrêtai deux secondes, je crois, jusqu'au premier coup de canon; puis je pris mon bréviaire, sans y penser davantage. Plus tard, la pensée me vint que j'avais été lâche, qu'il aurait été mieux de ne pas céder, que j'avais manqué à mon vœu de faire toujours et en tout ce qui est le plus agréable à Dieu; que c'était une faute vénielle, légère, tant qu'on voudra, mais une faute ; puis que, de pareilles circonstances se présentant souvent, surtout dans la vie active, je tomberais continuellement; qu'en conséquence il vaudrait mieux ne pas faire mon vœu, et me contenter d'une simple résolution dans le même sens, ou au moins de restreindre le vœu aux choses de quelque conséquence; en tout cas qu'il fallait attendre, et que c'était une témérité à moi de viser à une perfection si haute, etc.

» Mais je compris bientôt que c'était là une tentation du diable qui voulait me décourager. Je n'ai pas cru devoir lâcher prise si facilement. J'ai réfléchi, j'ai prié de nouveau avec ferveur. Enfin, j'ai reconnu que les prétendues difficultés alléguées n'en étant pas, en réalité, la seule chose que j'eusse à faire, c'était de m'humilier de ma faute, d'en demander pardon à Notre-Seigneur, et de me relever avec un courage nouveau et une ferveur redoublée.

» Cependant, par respect pour la Majesté divine à laquelle surtout il ne faut promettre que pour tenir, dans le but aussi d'opposer une barrière infranchissable aux craintes vaines et aux scrupules que le démon chercherait à m'inspirer, et de raviver sans cesse ma ferveur première, je crois qu'il est mieux, d'ici à quelques mois, de le faire jour par jour, d'une messe à l'autre. Plus tard, je verrai mieux ce qui me convient davantage. Ainsi, l'affaire est faite, par la grâce de Dieu. »

« Résolutions de ma grande retraite, 1870.

» Pour votre amour, ô Jésus, et appuyé sur votre grâce :

» Je ferai tous les matins, à la sainte messe, pour durer jusqu'à la messe du lendemain (en attendant que je mérite de le faire pour toute la vie), le vœu de faire toujours et en toute chose ce qui me paraîtra plaire davantage à la divine Majesté, selon votre propre exemple, disant avec vous : *Quæ placita sunt ei facio semper; — Ità, Pater; — Ecce venio.*

» C'est là ma résolution capitale; elle renferme le vœu de mes règles.

» Je tâcherai de l'exécuter avec toute l'énergie de mon âme, dans le sens surtout du dévouement et de l'abnégation, conforme au troisième degré d'humilité; et cela dès maintenant, afin que l'habitude de ces deux vertus fondamentales s'enracine tellement dans mon cœur que le choc des tentations qui m'attendent, loin de l'arracher ou de l'ébranler, ne fasse que la raffermir. »

A la suite de ces résolutions de 1870, on lit les simples lignes ajoutées successivement à la marge :

« Le 19 mars 1871, fait pour un an.

» Le 19 mars 1872, renouvelé pour un an.

» Le 19 mars 1873, renouvelé pour un an.

» Item jusqu'en 1881, puis années suivantes.... »

— *Lille. Typ. J. Lefort. 1887* —

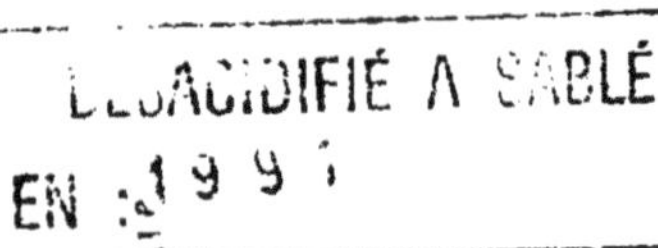

www.ingramcontent.com/pod-product-compliance
Ingram Content Group UK Ltd.
Pitfield, Milton Keynes, MK11 3LW, UK
UKHW020438180726
13839UKWH00004B/1554

9 782329 490489